ŒUVRES

DE

SAINT-SIMON & D'ENFANTIN

PRÉCÉDÉES DE DEUX NOTICES HISTORIQUES

XXXIIe VOLUME

ŒUVRES

D'ENFANTIN

PUBLIÉES PAR LES MEMBRES DU CONSEIL

INSTITUÉ PAR ENFANTIN

POUR L'EXÉCUTION DE SES DERNIÈRES VOLONTÉS

DOUZIÈME VOLUME

PARIS

E. DENTU, ÉDITEUR

LIBRAIRE DE LA SOCIÉTÉ DES GENS DE LETTRES

PALAIS-ROYAL, 17 ET 19, GALERIE D'ORLÉANS

1873

ENFANTIN

SUR

LA FAMILLE D'ORLÉANS ET M. THIERS

EN 1840

Dans le volume que nous publions aujourd'hui, la correspondance d'Enfantin, pour l'année 1840, prend de plus en plus un caractère d'utilité actuelle. Les appréciations et les jugements qu'elle renferme, sur l'état politique et le personnel gouvernemental de cette époque, semblent en effet écrits d'hier, tant ils se rapportent à notre situation présente, tant ils sont applicables aux événements, aux embarras, aux périls, en un mot aux choses et aux hommes de ce temps-ci.

En 1840, la France était profondément divisée au dedans et isolée, sinon menacée au dehors.

Ce que nous avions dit d'elle et de la vieille Europe, en 1830, devenait chaque jour plus frappant ; l'anarchie était partout, dans les intelligences, dans les sentiments, dans les intérêts ; l'athéisme, maître des esprits, laissait à l'égoïsme la direction intime des actes. Sous cette suprématie fatale et persistante du scepticisme théorique et de l'individualisme pratique, les passions et les luttes des partis, incessamment agités et morcelés, ne faisaient que confirmer chaque jour davantage les disciples de Saint-Simon dans leur conviction profonde de la nécessité d'une nouvelle doctrine générale, pour faire sortir un ordre nouveau de cet effrayant chaos.

Enfantin, après le licenciement de l'apostolat régulier de Ménilmontant et la dispersion de ses disciples, avait gardé, comme toute la correspondance publiée jusqu'ici l'atteste, la plénitude de sa foi en la mission rénovatrice qu'il avait remplie depuis 1825 avec tant d'activité, de persévérance et de courage. Seulement, il comprenait que le monde sceptique et égoïste qu'il avait devant lui ne pouvait pas être transformé aussi vite qu'il l'aurait fallu pour donner pleine satisfaction à son enthousiasme religieux, et il portait désormais ses préoccupations apostoliques, les forces vives de son esprit et de son cœur, sur la conversion graduelle des nouvelles générations pour laquelle il regardait comme essentiellement utile et certainement possible le concours plus ou moins direct des hommes puissants ou influents dans le domaine de la diplomatie et le gouvernement des États, quelque triste que fût alors notre situation politique.

« Nous serons bafoués, disait-il, par l'Europe, par l'Amérique ; mais la grande nation, nous, le Christ des peuples, nous aurons notre croix, nos clous aux pieds et aux mains, notre couronne d'épines..... si Dieu n'écrase pas de sa parole sacrée notre bavardage athée, s'il ne pose pas son pied sur la tribune corrompue et sur la presse corruptrice, s'il n'étend pas sa main sur nous pour désigner ses élus, lui, le grand Électeur !!!.....

« Nous sommes bien près d'une de ces manifestations divines, et, de ce point de vue, tous les embarras extrêmes de notre position ne paraissent plus que des occasions et des moyens d'en accélérer la venue. Notre faiblesse en Orient, nos revers en Algérie (qu'eût dit Enfantin s'il eût vécu après Sedan) sont les pendants de cette lassitude et de ce profond dégoût que tous les hommes forts éprouvent aujourd'hui en France; la crise approche, parce qu'il faut enfin dénouer ces inextricables nœuds dans lesquels une politique au jour le jour nous empêtre depuis un demi-siècle.

« Telle est la parole que devraient prononcer aujourd'hui les hommes dont la voix a du retentissement et qui sentent passer sur leur front le souffle de Dieu; parole d'espérance et de foi qui entraîne vers l'avenir, en même temps qu'elle l'appelle et l'attire; parole de découragement et de mépris, il est vrai, pour le présent; mais qui donc n'est pas un peu découragé? qui donc estime ce monde de bassesses et de corruption! Dieu m'est témoin du contraire. D'ailleurs, ce mépris du monde, tel qu'il est, il renferme tous les éléments opprimés de son salut. » (Vol. 32, pages 22 et 23.)

Et cette conviction, pleine d'espérance pour l'avenir, tenait l'esprit d'Enfantin attentif à toutes les oscillations du présent. La politique du jour l'intéressait vivement comme puissance génératrice de celle du lendemain. « Tout le monde, disait-il à Arlès dans une lettre du 21 février 1840, convient qu'*il y a quelque chose à faire!* Ceci est un grand mot dont je rends grâce à son auteur[1]. La marmite représentative n'est donc pas très-loin d'être renversée..... La *réforme* électorale me paraît synonyme de *mise au rebut* du système électoral. C'est l'héritage que Louis-Philippe laissera au duc d'Orléans, comme les parlements ont été l'héritage de Louis XVI; seulement Louis XVI n'était pas préparé.

« Le duc d'Orléans pourra y être préparé; là est pour moi le nœud de la politique française et, par contre-coup inévitable, de la politique du monde. Et ne prenez pas cela pour une prophétie *révolutionnaire,* elle est bien *évolutionnaire.* Je dis que tous les hommes qui pressentent les destinées humaines doivent avoir les yeux fixés, soit sur les obstacles *les plus grands,* soit sur les aides les plus utiles; or, dans les moments décisifs, ces obstacles ou ces aides se rencontrent très-près de la scène..... Aujourd'hui le duc d'Orléans, ou Henri V, ou la République; il faut choisir et ne pas rester entre

1. Hier encore, M. Thiers rappelait ce grand mot à la tribune pour l'appliquer à notre situation depuis deux ans. Longtemps encore ce mot sera applicable, tant que le grand problème social n'aura pas été résolu politiquement et religieusement. Si la marmite représentative n'est pas encore renversée, elle est bien violemment ébranlée.

trois selles[1]; le temps presse. Avec Henri V ou la République, *révolution* certaine, avec le duc d'Orléans, *évolution* possible. » (Vol. 32, pag. 47 et 48.)

Cette évolution était le point de mire d'Enfantin dans la poursuite de son *apostolat royal*. Dans une nouvelle lettre à son ami de Lyon, datée de Constantine, le 19 mars de la même année, il reprenait en ces termes la pensée capitale dont il était travaillé :

« Le temps presse, l'héritage du prince se grossit chaque jour d'immenses questions qu'il ne faut pas laisser encombrer de difficultés nouvelles. Alger, l'Orient, en voilà bien assez pour de fortes épaules. Le prince y succomberait, *si l'on ne met pas un terme à l'anarchie politique qui nous ronge à l'intérieur en donnant satisfaction légitime aux besoins réels qui l'ont fait naître et qui l'alimentent*.....

« La famille d'Orléans est sans doute dans

[1] Après trente-trois ans et trois révolutions nouvelles, la situation est toujours la même en France ; nous sommes toujours, en 1873 comme en 1840, *entre trois ou quatre selles*, pour y rester indéfiniment, tant que le conflit social, nous ne saurions trop le redire, ne sera pas vidé par une solution pacifiquement rénovatrice.

une excellente position pour aider puissamment la transition politique de la famille féodale du passé, copiée si servilement par Napoléon, à la famille industrielle de l'avenir. Quoique les trois princes ou princesses qui se sont mariés aient suivi sur ce point la mode antique, déjà ils ont fait un double accroc au mariage catholique, et ont consacré ainsi la tolérance religieuse, dogme si admirablement transitoire de notre époque. Mais ils ont conservé dans ces unions la tradition politique de leurs ancêtres : ils se sont soumis aux préjugés des castes princières, préjugés autrefois très-favorables, aujourd'hui plus dangereux qu'utiles à l'union des peuples. Dans ces trois mariages, deux sont tout au plus insignifiants ; un seul, celui du roi des Belges, est de quelque importance ; encore est-ce une question de savoir si cette union sera profitable, en définitive, à la France et à la Belgique.

« Est-ce qu'il ne serait pas temps pour cette famille, dont presque tous les membres sont animés d'un sincère désir de noble et bonne popularité, est-ce qu'il ne serait pas temps, dis-je, de tenter, en fait de mariage, quelque chose d'analogue à l'entrée des princes au collége, quelque chose de populaire, politiquement et moralement, quelque chose qui sorte évidemment du cœur, et qui ne soit ni conventionnel, ni diplomatique? Il me semble que ce serait encore là un bon et noble moyen d'en finir avec le duc de Bordeaux et même avec les républicains, car alors la monarchie de 1830 ressemblerait beaucoup à *la meilleure des républiques.* » (*Id.*, pag. 58, 59, 60.)

Ce qu'il écrivait à Arlès, Enfantin le répétait peu de jours après au général Saint-Cyr-Nugues. C'était au lendemain de l'avénement de M. Thiers à la présidence du Conseil.

« Je trouve, disait Enfantin, que la situation du pouvoir devient bien grave. Probablement, il est encore nécessaire qu'une expérience vienne démontrer les inconvénients de l'omnipotence des députés. Un seul homme en France peut jouer un grand rôle pour nous aider à sortir de cette vie de tournois parlementaires qui use autant les spectateurs que les combattants ; mais il faut que cet homme se décide à prendre une position *politique* qu'il a semblé fuir jusqu'ici, et qu'il abandonne, dans l'intérêt du pays, mais aussi dans le sien propre, et *surtout dans celui de son père*, le rôle secondaire de général et le protectorat plus dangereux qu'utile qu'il s'est attribué à l'égard de l'armée. C'est au duc d'Orléans qu'il appartient de sauver la France de la crise qui la menace, comme son père l'a sauvée de la crise de 1830. S'il ne s'empare pas bravement de cette tâche, une nouvelle révolution est imminente, il ne pourra rien *après*, il peut beaucoup *avant*. » (*Id.*, pag. 70, 71.)

Enfantin prédisait ici hypothétiquement la Révolution de 1848 et l'impuissance de l'orléanisme à se relever de cette chute. M. Thiers, malgré sa grande habileté, ne lui semblait pas alors destiné à remplir le rôle de réformateur pour lequel il se complaisait à croire que le duc d'Orléans était providentiellement réservé.

« M. Thiers, écrivait-il à Arlès, le 5 avril 1840, a fait ce qu'il fallait faire en ne se plaçant ni à droite ni à gauche, en ce sens que c'était dire aux uns et aux autres : Vous n'avez pas le sens commun ; mais il faudrait qu'il eût lui-même le sens de l'avenir, pour que ce langage, tenu aux deux côtés, fût autre chose que de l'inconvenance ; M. Thiers ne l'a pas encore, mais Lamartine ne l'a guère davantage. L'avenir, et l'avenir est prochain, enterrera le parlementarisme. Que M. de Lamartine se hâte de considérer les hommes politiques actuels comme n'ayant pas d'autre but (volontaire ou non, raisonné ou instinctif) que l'enterrement du système qui a lui-même enterré le catholicisme et la royauté, et qui a fait son temps. Le nombre des hommes qui regardent le parlementarisme comme épuisé est assez grand pour que la belle voix de Lamartine ne prêche pas dans le désert. Il faut oser dire que la Chambre est un sépulcre plein de cadavres plus ou moins véreux, et ceci va être facile à démontrer quand M. Thiers aura, comme il l'aura, plus de la moitié des 221. » (*Id.*, 74, 75.)

Enfantin espérait donc que le discrédit croissant de la puissance parlementaire faciliterait l'avénement du duc d'Orléans à une position assez prépondérante dans les conseils de la couronne pour y faire entrer les hommes et les idées de l'avenir. Cependant, il était loin de s'aveugler sur le caractère et la portée de cette intervention princière, comme on peut en juger par ce passage de sa lettre à Arlès, du 3 mai (1840) :

« Je crois, disait-il, que vous attendiez trop du duc d'Orléans, d'après le jugement que vous en portez, et d'après ce que vous me dites de l'hérédité à propos de l'Angleterre. Il s'agit en effet pour lui de faire une chose prodigieusement difficile, mais qui n'exige pourtant pas des dimensions hors nature, par la raison qu'il s'agit, comme il le sent fort bien, de se *laisser faire;* la question est de savoir par qui il faut se laisser faire. Je suis certain, quoi qu'il en pense, que ce n'est pas par 34 millions de faiseurs qu'il se laissera faire. Il a trop de sens et de cœur pour cela. Certainement, comme on dit, les événements l'entraîneront, et il en a parfaitement conscience ; mais vous savez ce que veut dire ce mot : *les événements ;* cela veut dire, en langue juive de ma lettre à Heine, Israël, le peuple de Dieu, les prophètes, car ce sont toujours eux, et surtout dans les époques semblables à la nôtre, qui ont été les grands entraîneurs. Le prince est de la taille des *grands entraînés*, ce qui est aussi beau, mais d'une autre nature; il a du cœur, de la bonté, de la tendresse, je crois, à un degré très-élevé. Il lui manque des mollets, du jarret, des bras, de la force, mais il n'en a pas besoin pour son œuvre. » (*Id.,* 105 et 106.)

Le 10 mai, Enfantin, incessamment préoccupé de notre situation parlementaire et n'attendant rien des partis extrêmes pour l'étude et l'application de ses idées, écrit à Arlès :

« M. Thiers a dit avec raison : « Lorsque

« le ministère du 12 mai (Passy-Dufaure) a « paru trop pencher à droite, il y a eu réaction « vers la *gauche*; si nous penchions trop vers la « *gauche*, il y aurait réaction vers la *droite*. « Personne ne veut aujourd'hui risquer de « grandes expériences[1]. » (*Id.*, page 113.)

Cependant Enfantin, après avoir applaudi à la politique conciliatrice de M. Thiers, lequel, disait-il, *avait été d'une politesse de paroles excessive envers la pairie, demandant pardon même de l'emploi des mots les plus usuels du langage parlementaire,* Enfantin ajoutait :

« Ce système de bascule, qui est notre vie depuis 1814, a eu certainement de grands avantages, mais on ne peut pas se dissimuler qu'il use considérablement les rouages, et que s'il retarde quelques mouvements brusques, il oblige de temps à autre à de grands renouvelle-

1. Cette parole de M. Thiers, prononcée il y a trente-trois ans, est encore applicable à notre état politique après trois *grandes expériences* rendues inévitables par l'aveuglement des partis soi-disant *conservateurs*, et c'est M. Thiers lui-même qui est chargé aujourd'hui de conjurer les résultats périlleux de ces deux pentes, en s'efforçant d'établir et de maintenir l'équilibre entre elles, pour mettre l'ordre légal existant à l'abri de nouvelles expérimentations monarchiques ou démagogiques.

ments de la machine, comme le retour de l'île d'Elbe, comme 1830, comme l'invasion de 1815, comme *l'isolement diplomatique de* 1840.

« M. Thiers n'effraye pas autant l'Europe que Napoléon, mais il est évident que, malgré ses prétentions diplomatiques, il ne lui sera pas donné de nous sortir de *l'isolement* actuel, et que son avénement au pouvoir est même un signe qui correspond parfaitement à cet isolement. »

« Certes, à un point de vue très-général et très-philanthropique et en considérant ce que l'Europe tout entière, ce que le monde peut gagner à cet isolement de la France, il serait possible de trouver des compensations analogues à celles qu'on a pu se donner (en se dépouillant un moment de sa qualité de Français) en 1815, c'est-à-dire lorsque les peuples européens, ayant acquis tout ce que Napoléon avait pu leur donner de la vie française, se sont révoltés contre lui. De même aujourd'hui, la *révolution de* 1830 a donné à l'Europe (et beaucoup par M. Thiers, c'est une justice à lui rendre) tout ce qu'elle pouvait lui donner : la Belgique, l'Espagne, l'Italie, la Pologne même, j'en suis convaincu, et aussi la Grèce, l'Égypte et la Turquie, l'Amérique aussi ont reçu de 1830 tout ce que 1830 pouvait donner de bon, comme en 1814 le monde avait reçu, par Napoléon, tout ce que la révolution de 1789 pouvait lui donner de bon. C'est par la force que Napoléon avait donné, c'est par elle qu'il a été repoussé ; c'est par la passion du *statu quo* et du chacun chez soi que 1830 a agi, et 1830 va rester *chez lui*, in *statu quo*, c'est très-naturel. »

« Je ne voudrais pas que ma comparaison de M. Thiers avec Napoléon vous donnât trop à penser sur M. Thiers, mais je ne voudrais pas qu'elle vous donnât trop peu, et pour cela je vais vous dire pourquoi je prends M. Thiers et non pas Louis-Philippe qui est pourtant assis sur le trône où était assis Napoléon. C'est que Napoléon, en partant, a tout à fait enlevé le velours qui recouvrait ce trône ; que Louis XVIII y a mis un velours de coton, troué par Charles X, et que Louis-Philippe n'y a pas même posé une indienne, ce qui fait que le trône est réduit aux planches dont a parlé l'Empereur. »

« En d'autres termes, M. Thiers est bien plus le représentant de la *révolution* de 1830, et il en convient certainement lui-même, que Louis-Philippe ; M. Thiers est le frère de la presse et de la tribune, tandis que Louis-Philippe est de sang royal et Bourbon ; il n'y a pour M. Thiers ni *quoique* ni *parce que ;* il vient de rien et il est presque tout ; le Roi au contraire vient de bien haut et n'est presque rien ; Louis-Philippe enfin est éminemment un homme de transition, un lien du passé avec l'avenir ; M. Thiers est le présent, un moment, un éclair très-brillant, un météore, une, ou si vous voulez trois *glorieuses journées* (Id., pages 113, 114, 115, 117 et 118.)

Mais il faut plus qu'un *éclair brillant* ou quelques *journées glorieuses* pour conduire l'humanité au terme de ses destinées : ce long travail exige une succession de grands hommes d'État, d'habiles ministres, de sages et hardis réformateurs, de prophètes, d'apôtres, ayant tiré de l'étude du passé et de la connaissance du présent, la prévision de l'avenir et une active dévotion pour sa cause. Or, Enfantin refusait à M. Thiers le *sens de l'avenir*, comme nous l'avons déjà rappelé. S'il le glorifiait néanmoins, c'est que le caractère prophétique dont le disciple de Saint-Simon s'était revêtu, ne l'empêchait pas d'attribuer une légitime importance aux services rendus, plus ou moins passagèrement, aux intérêts d'une nation aussi influente que l'était la France sur les progrès de la civilisation.

« Depuis 1830, disait-il, le problème politique est ainsi posé : Quelle est la mesure de *liberté* et quelle est la mesure d'*ordre* que comporte la société actuelle? Ce qui, en d'autres termes, signifie : Comment *concilier* les exigences du passé avec les besoins de l'avenir?

« M. Thiers est arrivé au *mot* (conciliation), ce qui prouve que la *chose* est maintenant sentie, et il a pour acolytes les Cousin, Jaubert, Rémusat, c'est-à-dire l'ancien *Globe*, parce qu'en effet le mot conciliation est, en politique, la traduction des prétentions philosophiques de l'éclectisme. C'est un excellent sentiment que celui de la conciliation, mais nous savons depuis longtemps qu'il ne suffit pas de dire à deux personnes qui se regardent comme ennemies, et qui auraient au contraire de grands motifs d'être amies : Embrassez-vous et que cela finisse; il faut encore leur faire sentir et comprendre ces motifs d'union, de manière à changer l'inimitié en affection véritable.

« Pour cette œuvre, M. Thiers et tous les

éclectiques sont impuissants ; ils ont une intention fort louable, mais ce n'est qu'une intention; ils représentent parfaitement la société désirant mettre fin à ses luttes, mais ils ignorent le moyen d'y mettre fin, parce qu'ils n'ont aucune idée de la forme nouvelle que prendra la société après cette réconciliation. » (*Id.*, pag. 121 et 122.)

Enfantin, qui avait, lui, son idée bien arrêtée sur la forme nouvelle que prendrait la société en se relevant des abîmes où elle avait été entraînée par la double pression du scepticisme effronté et de la foi hypocrite, Enfantin s'applaudissait avec son ami Arlès du désenchantement croissant que provoquait, sous le règne de la bascule, le jeu d'un mécanisme constitutionnel, qui n'était rien moins que le *gouvernement du pays par le pays.*

« Il est impossible, disait-il, que le sentiment de dégoût du parlementarisme, qui fait tous les jours d'immenses progrès dans les rangs des hommes vraiment supérieurs, n'engendre pas le besoin de s'unir pour prévoir et préparer les moyens de sortir de cet état contre nature de fièvre perpétuelle. On n'ose pas encore avouer hautement ce dégoût, on s'en fait confidence à voix basse, et tant qu'on n'aura pas, sous ce rapport, le courage de son opinion, comme on dit, il sera difficile que ces confidences mystérieuses produisent quelque chose de bon. Mais attendez qu'une de ces natures impressionnables et impressionnantes, étouffant sous la colle et la blague parlementaires, éclate ; je vous réponds que, de ce jour, sera formé le noyau des hommes qui découvriront et prépareront la partie *positive*, *constructive*, *organisatrice* de la politique dont j'ai presque exclusivement développé la partie négative. » (*Id.*, pag. 126 et 127.)

Enfantin aborde ensuite cette partie *positive* de la politique nouvelle pour la caractériser en quelques lignes :

« Voici donc, dit-il, les deux points autour desquels il me semble que doivent se rallier tous les hommes qui, dégoûtés de la politique actuelle, songeront à préparer une politique nouvelle. Comme politique intérieure, ils s'occuperont des améliorations *populaires*, et par conséquent se trouveront transportés sur le terrain politique de l'*organisation industrielle* et de l'*éducation intellectuelle et morale* du peuple ; comme politique extérieure, ils chercheront les bases d'une nouvelle *association* des peuples, *selon leurs tendances naturelles*, politique d'association et de développement au lieu de la vieille politique de guerre et de jalousie.

« Peut-être trouverez-vous que je prends mes espérances pour des réalités très-prochaines, c'est possible, et cela m'est arrivé quelquefois; pourtant il me semble que je ne me trompe pas aujourd'hui, et que nous sommes très-près du moment où toutes ces choses nouvelles vont se dire et se faire. N'oubliez pas que c'est dans ma main qu'est tombé le *Globe* de MM. Guizot, Broglie, Rémusat, Jaubert, Jouffroy, Dubois et Cousin, et qu'après l'éclectisme je dois savoir ce qui naît. Le *choix* entre mille doctrines philosophiques, déclarées également respectables, a toujours précédé une philosophie nouvelle ; le choix entre d'honorables systèmes politiques (tiers parti) touche également de près une politique nouvelle; et de même notre tolérance religieuse qui reconnaît tous les cultes comme fort estimables, est bien près d'une nouvelle foi religieuse. — C'est bien le cas de dire : *Amen.* » (Id. p. 129-130.)

Le souhait d'Enfantin était très-rationnel, mais ses espérances ne pouvaient pas être changées en *réalités très-prochaines*. Les événements ont justifié, il est vrai, tout ce qu'il disait de la stérilité des doctrines régnantes et de la vanité de la bascule politique. Le dégoût du parlementarisme n'a rien perdu de sa profondeur et de son intensité, mais la bascule et le parlementarisme ne sont point tombés encore officiellement en disgrâce. Si, depuis 1840, le parlementarisme a fait éclater d'abord le coup d'État populaire du 24 février 1848 contre la majorité *satisfaite* de cette époque, et ensuite le coup d'État dictatorial du 2 décembre 1851 contre la majorité *royaliste* de l'Assemblée législative ; s'il a amené enfin le nouveau coup d'État populaire du 4 septembre 1870 contre la majorité trop complaisante des *candidats officiels*, il n'en a pas moins survécu à tous les bouleversements qu'il avait rendus inévitables, et rien n'annonce, à coup sûr, que cette survivance l'ait réhabilité dans l'opinion publique. Loin de là, son discrédit n'a fait que s'accroître, et M. Thiers en est toujours à poursuivre, avec un dévouement et une habileté admirables, sa mission *conciliatrice* dans l'intérêt du *présent*, sans rien faire et sans rien dire qui annonce la venue de la politique de l'*avenir* dont Enfantin croyait pouvoir saluer bientôt l'aurore.

Cependant si cette politique nouvelle n'apparait pas encore dans les actes et les discours officiels du grand patriote qui gouverne et relève notre pays sous le régime républicain, elle n'en étend pas moins ses conquêtes dans les esprits et dans les aspirations populaires en France et en Europe, et tandis que notre Président, pour garder son rôle de conciliateur, se tait sur les progrès futurs de la démocratie universelle, le président de la plus puissante des Républiques du monde rend ce témoignage solennel à l'*association des peuples*, annoncée par Saint-Simon et rappelée dans les lettres d'Enfantin que nous venons de citer. « J'ai la ferme conviction, a dit le général Grant, que le monde civilisé tend vers la République. Notre grande République est destinée à devenir l'étoile qui guidera les autres. Dieu prépare le monde pour en faire un seul peuple, parlant une seule langue et n'ayant plus besoin d'armées. »

Les disciples de Saint-Simon ne peuvent que répéter ici l'*Amen* par lequel Enfantin terminait sa lettre sur la venue prochaine d'une *politique nouvelle* et d'une *nouvelle foi religieuse*.

Mais comment diriger et accélérer ce mouvement manifeste et irrésistible des peuples vers la République universelle? Comment préparer et hâter la rénovation sociale sans laquelle toute transformation politique resterait frappée de stérilité? Comment espérer pour cette rénovation fondamentale, l'appui indispensable d'une nouvelle foi religieuse qui soit irréfutable par la science et par la raison? Toutes ces grandes choses qui forment l'avenir de l'humanité et le meilleur préservatif des catastrophes de la guerre, étrangère ou civile, peuvent-elles s'accomplir par ce seul mot : *le temps?*

C'est l'activité féconde des hommes qui fait la puissance des siècles. Si les hommes qui vivent dans le temps s'abstiennent de parler et d'agir, sous prétexte de modération et de prudence, leur fausse sagesse et leur lâche passivité annuleront l'œuvre du *temps*.

« En ce moment, écrivait Enfantin à Arlès, le 9 juillet 1840, il ne s'agit ni de se faire soldat, ni même de mettre brutalement à la porte pairs et députés[1]; mais si, comme le dit M. Rivet, *le*

1. Lamartine avait déclamé contre M. Thiers, auquel il attribuait la prétention de gouverner, tandis que le roi se contenterait de régner, comme si cet homme d'État, qu'Enfantin appelle *le plus grand ministre des temps modernes et l'imitateur de Napoléon* (*id.*, pag. 140), avait aspiré réellement à la suprême puissance; et, plein de cette pensée, le poëte avait poussé le cri : *A bas le dictateur!* Ce qui avait

pays en a pour longtemps avant d'avoir perdu cette grande illusion dite représentative, c'est parce que les hommes comme Rivet[1] n'ont pas le courage de dire ce qu'ils en pensent et qu'ils font sur ce sujet de fort jolies lettres intimes, tandis que leur langage et leur conduite en public les font prendre pour de vrais pontifes du culte de la grande illusion. Voilà aujourd'hui où l'on peut se montrer brave, sauver la patrie, mériter le titre de maréchal, enfin se mettre dans la position où étaient relativement les vainqueurs d'Italie et les héros des Pyramides. Qui ne risque rien n'a rien est un sage proverbe : le Français né malin, qui créa le vaudeville, ne donne son cœur qu'aux héros; or, je le demande à MM. Rivet, Lamartine et autres, quel est le dévouement héroïque qu'ils se proposent de don-

fait dire à Enfantin, dans une lettre du 17 juin : « M. Thiers n'était pas et ne sera jamais en mesure de répondre à ce cri, comme Bonaparte à Saint-Cloud : A moi, grenadiers! et de faire sauter par les fenêtres les honorables; mais sa prétention et le cri de Lamartine annoncent l'avenir vers lequel nous marchons. » (*Id.*, pag. 144.) C'était toujours la débâcle du parlementarisme que visait Enfantin qui en faisait la condition préparatoire de l'ordre nouveau.

1. M. Rivet était destiné à donner son nom à la *Constitution* passagère qui devait confirmer l'élévation de M. Thiers au gouvernement de la troisième république.

ner à leur carrière actuelle? en d'autres termes, que peut-on se proposer de grand, de noble, de courageux, de généreux, quand on est l'une des causes d'une grande illusion populaire, si ce n'est de prononcer un solennel *meâ culpâ*, quand bien même on devrait y perdre momentanément la faveur populaire, et pour toujours les grâces frauduleuses des escamoteurs.

« Tant que les hommes d'avenir n'auront pas trouvé le moyen de mériter ce que méritèrent autrefois les braves qui, au péril de leurs jours et au milieu des privations et des fatigues, délivraient la France de ses ennemis et répandaient au loin la gloire de son nom, je soutiendrai que les républicains auront plus de chances que qui que ce soit de gouverner la France. Ce qui tue le juste-milieu, les *deux cent vingt et un*, les *Débats*, c'est leur réputation de couardise, et je n'entends pas par là, je vous prie de le croire, que ce sont des preuves de courage *militaire* que j'attends de ce côté. La sphère du courage, de l'héroïsme, est large, et il y a de quoi choisir parmi toutes les zones qui la couvrent, mais il faut y avoir sa place, surtout dans des moments comme ceux-ci, si l'on veut être instrument puissant des destinées humaines. Bien des gens ont reproché aux hommes de Napoléon de n'avoir eu que du courage militaire et d'avoir manqué de courage politique; mais que dirait-on un jour de nos hommes *politiques*, s'ils manquent même du courage de leur profession?

« Lamartine, dans les réunions des deux cent vingt et un l'année dernière, n'a su que trouver des paroles louangeuses pour le juste-milieu, quand il avait de fort dures vérités à leur dire. Je suis certain que, s'il leur avait dit tout ce qu'il pensait d'eux, il aurait été hué par la majorité et peut-être par l'unanimité. Et moi-même, en ce moment, je suis certain que, si vous montrez ce que je vous écris là à Rivet et à Lamartine, ils me trouveront fort injuste et un peu trop ridicule; et pourtant vous savez que je tiens à leur estime et à leur affection. C'est que le temps du mensonge touche à sa fin, comme celui de la *fainéantise;* nous approchons d'une action vraie, d'une politique franche et courageuse, et nous ne devons pas nous-mêmes être des escamoteurs de la vérité.

« Il y a beaucoup d'hommes aujourd'hui qui disent plus ou moins chaudement: « Nous sommes dans une époque d'égoïsme, il n'y a plus de forte croyance, chacun ne songe qu'à soi ; plus de devoir, plus de dévouement, etc. » C'est très-beau à dire sans doute, mais si l'on reste soi-même sans croyance, sans règle de devoir, sans dévouement, et craignant de boire de l'eau, on ne passera ni Arcole ni Lodi, on ne montera pas aux Pyramides, on ne sera pas maréchal de la France nouvelle, on passera comme l'illustre Lamourette et tant d'autres. » (Id., pages 154, 155, 156, 157, 159 160.)

C'était pour arracher les classes dirigeantes à l'influence délétère de ce scepticisme universel qui s'accusait lui-même sans rien faire pour s'amender ; c'était pour enhardir la bourgeoisie intelligente à modérer son zèle hypocrite pour la *grande illusion* dite représentative et à mettre ses actions en harmonie avec ses pensées, c'était dans ce but qu'Enfantin se montrait hardiment attaché au succès de son apostolat princier auprès du duc d'Orléans.

Dans une de ses dernières lettres à Arlès, il s'était déjà posé cette question : « Quelle sera la *pratique conciliatrice* du duc d'Orléans ? Est-ce une destinée royale ou une conduite de citoyen que je vois pour lui dans l'avenir ? »

« Ceci nous mènerait trop loin, avait-il ajouté; ce que je veux dire, c'est que ce ne sera pas une conduite *parlementaire*. M. Thiers a défié de gouverner après lui; il a eu presque raison, car il est l'avant-dernier terme du gouvernement parlementaire. M. Thiers ne sera pas dictateur, mais le prince peut nous aider à conquérir *la liberté;* que l'un tombe, un coup de Lamartine n'est pas nécessaire pour la chute; mais que l'autre ne soit qu'un brave général en France, cela ne suffit ni à lui ni à la France. » (Id., pages 124,140.)

Ce n'était pas un *soldat* qu'Enfantin appelait et espérait pour le trône de France; c'était plutôt un suprême pacificateur, un puissant organisateur du travail, un habile préparateur des institutions sociales de l'avenir. Il revint bientôt sur cette pensée dans une nouvelle lettre à Arlès, datée d'Alger, 7 septembre 1840, et il y signala d'avance à son ami l'objection capitale à la quelle il s'attendait de sa part et qu'il voulait réfuter d'avance. Voici le passage remarquable de cette lettre :

« Mais, direz-vous peut-être : « Il n'y a rien là de pratique; c'est très-bon de dire qu'il faut s'occuper du *travail*, mais que faut-il faire? » Avant de faire quelque chose pour l'industrie, il faut connaître l'état-major industriel et s'être assuré de ce qu'il peut faire, comme Napoléon connaissait les généraux qui l'entouraient au 18 brumaire et qui ont organisé sa grande armée. Le 18 brumaire, Napoléon ne savait pas qu'en quinze années il prendrait Vienne, Berlin, Madrid et Moscou; mais il avait déjà sous la main ses preneurs de villes. Où est l'état-major industriel? Autour de qui gravite-t-il? Quel est le soleil qui entraînera ces planètes dans leur orbite, pour constituer le monde futur? Voilà ce qu'il faut savoir, voilà ce qui est pratique, politique, positif.

« J'espère que vous ne me faites pas l'injure de croire que mes planètes industrielles s'appellent Fo........, ou même Ro.........; ceux-là n'entourent que trop le pouvoir et l'étoufferaient pour une différence de 50 centimes.

« Mes planètes, ce sont les hommes-types qui *représentent* réellement, par toute leur vie, l'industrie d'une ville, d'une province, d'une branche entière du travail humain, et ceux aussi qui ont, pour ainsi dire, incarné en eux les grands travaux d'industrie publique, tels que les routes, les canaux, les ports, la construction des vaisseaux, les mines, ou bien ceux encore qui sont l'expression nette d'une des relations commerciales de la France avec un peuple étranger.

« Voici les hommes avec lesquels il y a toujours à apprendre et à faire ; voici même ceux avec lesquels il est très-bon de parler guerre, parce que leur intérêt et leur expérience leur font découvrir vite le moyen de l'éviter, et parce que, si, en définitive, on fait la guerre, ce sont encore eux qui la payent : voici, en un mot, les vrais *aides de camp* d'un roi futur de France.

« Or, quel est, aux Tuileries, le rang assigné spécialement au travail pacifique ? Quelle est l'importance d'un bourgeois visiteur, à côté de l'influence quotidienne des *militaires aides de camp ?* M. de Rothschild lui-même n'y est pas comme banquier, il y est comme consul général d'Autriche, baron de Rothschild. D'un autre côté, nos princes sont généraux, entourés de généraux ; ils ne sont encore que des militaires, ce n'est pas assez. » (*Id.*, pages 207 et 208.)

« Napoléon lui-même avait senti qu'il était

bon d'être *membre de l'Institut*[1], parce que la science devait jouer et a joué sous son

1. On dirait que la correspondance, pleine de bons conseils, qu'Enfantin tenait tant à faire mettre sous les yeux de l'héritier du trône, qui lui en fit témoigner ses remercîments, a été communiquée à d'autres membres de la royale famille. Le plus jeune des frères du duc d'Orléans (le duc d'Aumale) s'est fait recevoir *membre de l'Institut* et vient de remplacer M. de Montalembert à l'*Académie française*, tandis que le fils aîné du prince royal de 1840 (M. le comte de Paris) fait, de son côté, des publications sur la situation et les besoins de l'*industrie*. Mais quelle importance attacher sous la République aux goûts littéraires et industriels, que les prétendants se croient obligés d'affecter dans l'intérêt de leurs espérances dynastiques? Enfantin, du reste, en poursuivant, en 1840, avec une confiance inébranlable, sa mission de conseiller *doctoral* auprès du roi et de l'héritier présomptif du trône, ne se laissa pas décourager par le genre d'effet gracieux que ses communications au duc d'Orléans avaient produit dans l'esprit de ce prince et qui se trouve rappelé *littéralement* dans le XIe volume des *Notices historiques*, aux pages 176 et 177. Nous croyons utile de reproduire ici les sentiments exprimés à son ami Arlès, dans une lettre du 2 avril 1842 :

« Quand je vous ai dit souvent qu'il fallait épuiser jusqu'au bout la route princière, par vous et par Saint-Cyr, je n'ai pas du tout entendu affirmer, qu'au bout de ces deux hameçons, Saint-Cyr et vous, je pêcherais un prince plutôt qu'un goujon; j'ai voulu dire seulement que je voulais tâter s'il y avait, dans la mare parlementaire, un poisson royal égaré, ou s'il n'y avait que des *asticots*, et pour cela vous sentez bien que je ne dois pas me borner à pendre à un hameçon seulement de ce que mangent les asticots, mais de la vigoureuse pâture de brochets...... Si nous n'avons que des *Bourbons*, il est évident qu'ils seront embourbés; mais il faut voir s'ils ne sont que *Bourbons* et ne pas leur donner seulement la règne un rôle presque égal à celui qui se prépare pour *l'industrie*. Monge, Bertholet, Laplace, Chaptal, Fourcroy, Lacépède, Delambre, Cuvier, ses illustres *collègues*, étaient souvent à ses côtés.

Dieu me garde de dire que notre époque ne fait pas la place belle aux savants; il est vrai à d'autres savants, à une autre académie; MM. Thiers, Cousin, Guizot, Mignet, Dupin, Molé, n'ont pas à se plaindre. Des mathématiques et de la physique, nous sommes passés à la métaphysique et à la philosophie, et des mécaniciens aux avocats : y a-t-il progrès?

Le fait est que depuis la fondation de l'académie des sciences morales et politiques, expression très-nette de puissances nées sous la Restauration, et qui règnent encore aujour-

nourriture des *Bourbons*, qu'en style de cour on appelle *miel, douceurs et flatteries*, mais jamais CONSEIL HARDI ET VÉRITÉ.

« Oui, je suis *docteur*, et je vous recommande, quand vous irez à Paris et si vous voyez le prince, de me présenter toujours comme TEL, dussiez-vous devant lui blâmer ma forme *doctorale*, parce que je ne vois aucune forme qui me paraisse plus convenable à mon *passé*, à mon *présent* et SURTOUT à mon *avenir*. »

Cette lettre sera publiée en entier dans un des prochains volumes de cette collection.

d'hui dans leur plus brillant représentant M. Thiers, je ne vois pas qu'il reste d'autre académie à imaginer, que celle où l'on s'occuperait des choses qui remplissent la vie des neuf dixièmes au moins de la race humaine, je veux dire une academie *d'industrie agricole, commerciale et manufacturière.* On sait la machine à vapeur, aujourd'hui, aussi bien que les élèves de M. Cousin connaissaient le *moi* et le *non-moi* ; on fait des ponts et des chemins de fer, comme les disciples de M. Guizot et de M. Royer-Collard faisaient des arguments sur la *bascule* de l'ordre et de la liberté ; en d'autres termes, les hommes forts sont ingénieurs, industriels, commerçants, tandis qu'ils étaient, en 1835, étudiants en droit et à peine avocats et journalistes ; or, le présent peut être encore aux avocats et aux journalistes, mais certainement l'avenir n'est pas à eux. M. Thiers aurait dit : « Après moi, gouvernera qui pourra ; » ce qui veut dire : Après moi il n'y a pas d'avocat, journaliste, littérateur, rhéteur qui puisse gouverner. Cela est très-vrai. »

Tandis que le militarisme primait tout aux Tuileries côte à côte avec *la paix à tout prix* et le *chacun chez soi, chacun pour soi,* un des chefs de l'opposition libérale, l'illustre savant Arago, abordait la grande question qu'Enfantin s'efforçait d'introduire dans la demeure royale, ce qui fit dire à l'infatigable novateur, toujours attentif à la marche de ses idées et de son œuvre :

« Arago a enfin aperçu le principe vital du saint-simonisme, *l'organisation du travail*, et le voilà qui s'y cramponne. Je pense que la plupart des ouvriers qui sont allés le féliciter sont des brebis du pasteur Vinçard, ou tout au moins des habitants de nos anciennes maisons Popincourt et autres. » (*Id.*, page 143.)

Vers le même temps, le premier homme d'État de l'Angleterre, Robert Peel, exprimait à M. Guizot la pensée inquiète qui le tourmentait à l'endroit du sort misérable du *peuple immense du travail manuel :* « Il y a là, disait-il, une honte et un péril pour notre civilisation. » C'était là l'objet principal des préoccupations philanthropiques du grand ministre anglais dont le nom est resté attaché au souvenir d'une réforme économique essentiellement populaire. Mais son illustre interlocuteur, devenu premier ministre en France, eut autre chose à faire que d'entretenir le roi des Français de ce qui l'avait tant frappé lui-même à Londres dans la bouche de Robert Peel ; de ce qu'Enfantin s'efforçait de faire parvenir au duc d'Orléans, dans sa correspondance d'Alger. La nécessité pressante d'une amélioration populaire dans l'atelier national ne fut pas mieux sentie qu'au temps où l'on transmettait à Lyon par le télégraphe des *ordres impitoyables* pour écraser les ouvriers qui avaient inscrit sur leurs drapeaux : *Vivre en travaillant, ou mourir en combattant*. Au besoin de progrès social on continua d'opposer la résistance systématique, le gouvernement de combat, suprême ressource des pouvoirs inintelligents et fatalement condamnés à hâter eux-mêmes leur chute par leur incurable aveuglément. C'est en voyant à l'œuvre le parlementarisme, fauteur omnipotent de cette politique désespérante, qu'Enfantin laissa tomber dans une de ses lettres ces mots prophétiques : *Encore une dynastie noyée !* Mais il indiquait aussi dans cette même correspondance, destinée à être mise sous les yeux de l'héritier du trône, la route à suivre pour conjurer les révolutions, et dans laquelle le roi des barricades ne sut pas entrer :

« Ce sont les sentiments et les besoins nés dans notre époque, disait Enfantin, qu'il s'agit de *codifier*, *d'enseigner*, *d'administrer*, sentiments et besoins du *travail* et de la paix, comme ceux de la *liberté* et de la guerre. Le code de l'ouvrier est plus important à faire que le code militaire n'est important à perfectionner ; les écoles d'industrie commerciale, manufacturière, agricole sont à créer, tandis que les écoles militaires ne réclament que quelques élèves de plus ; enfin la question des livrets et des prud'hommes, récemment soulevée, est plus grave que celle des fusils à percussion. » (*Id.*, pages 203, 204.)

Ici encore la pensée d'Enfantin devait être justifiée par les événements. C'est l'emploi fatal du *fusil* qui était destiné à plonger la France dans un abîme en 1870, et c'est le *travail* et *la paix* qui l'ont mise en mesure de se relever vite et avec éclat.

Et combien le *travail* ne gagnera-t-il pas en puissance et en fécondité quand il sera pacifiquement et graduellement organisé comme l'enseignait et l'espérait Enfantin, d'après la maxime fondamentale du *classement selon la capacité et de la rétribution selon les œuvres!*

Le Membre délégué du Conseil institué par Enfantin pour la publication de ses œuvres,

LAURENT (de l'Ardèche).

CORRESPONDANCE

INÉDITE

D'ENFANTIN

CCLIX^e LETTRE

A ARLÈS

25 janvier 1840.

Je vous demandais un petit bulletin politique, et vous me renvoyez ma demande, parce que sans doute c'est la question d'Orient, la grande question, ma question chérie, dont il s'agit ; je vais vous répondre en forme d'apologue, en vous disant ce que moi qui ne suis ni député, ni ministre, j'ai cru devoir faire pour elle dernièrement. Vous en conclurez ce que je voudrais voir faire aux députés, ministres, publicistes, ambassadeurs, etc.

J'ai envoyé dernièrement à Saint-Cyr une note basée sur l'idée suivante :

Tant que des MUSULMANS ne viendront et ne sauront pas explorer scientifiquement l'Afrique, elle sera inabordable aux Européens et inconnue à la science.

1re Conséquence. L'Egypte est le lieu où il y a le plus de musulmans qui aient un peu repris goût à la science ; c'est le point d'Afrique qui est le mieux placé pour commencer des expéditions, puisque l'Egypte borde l'Afrique dans une très-grande longueur, et qu'elle sert de passage à tous les musulmans africains qui vont à la Mecque.

2e Conséquence. Il y a en Egypte un nombre assez considérable d'Européens et surtout de Français à la tête des établissements d'instruction ou d'industrie, ou dans les armées de terre et de mer, prêts à favoriser ou faciliter, dans les musulmans, ce goût de la science et de ses découvertes, et qui sont, pour ainsi dire, avec les jeunes égyptiens élevés en France, le germe déposé sur les rives du Nil par le grand institut d'Egypte de Napoléon.

3me et dernière conséquence. Il faut que la

France, par son influence fasse, éclore ce germe, et pour cela qu'elle provoque :

La formation d'un institut égyptien national, en majorité ou presque en totalité musulman, avec chrétiens adjoints ;

L'envoi par l'académie des sciences de France, le Jardin des Plantes, l'École des mines, de collections, avec propositions d'échanges pour l'avenir, et de plus, les hommes chargés de la mise en ordre de ces matériaux de la science, et une collection des livres intéressant l'Afrique.

Voici le genre d'influence que je voudrais voir exercer par la France en Egypte : qu'elle fasse quelque chose d'analogue à Constantinople, et moi, membre d'une *commission scientifique* d'Afrique, je croirai avoir rempli ma tâche, *en cette qualité*, dans la question orientale. Je suis très-loin de dire et de penser qu'un député et un ministre aient fait assez, en leur qualité de député et de ministre, en ne faisant que ça, mais je suis convaincu que là est le principe, et que pour *rejoindre deux mondes*, comme dit fort bien M. de Lamartine, il n'est pas nécessaire aujourd'hui de les conquérir, comme nous avons conquis notre boulet d'Alger, et de détrôner des races comme la race turque, ou des pachas comme Méhémet-Ali. La politique du ministère est la plus nette de toutes, quoique purement négative et un peu à côté de la question. Il s'agit bien, en effet, d'*empêcher* que la Russie ait une influence *exclusive* à Constantinople, et l'Angleterre une influence exclusive à Alexandrie, puisqu'il faut que la France ait aussi la sienne, mais on ne s'inquiéterait pas tant d'*empêcher* les autres d'exercer leur influence, si l'on savait soi-même quelle est celle qu'on doit exercer. Opposons-nous au monopole russe ou anglais, c'est fort bien; mais n'oublions pas que nous avons, nous aussi, une tendance au monopole *intellectuel et moral* que les autres peuvent craindre, et qui est notre commerce, notre partie. Que les musulmans de Constantinople continuent à apprendre le français, les mathématiques; qu'ils aient nos théâtres, nos plaisirs sous les yeux, qu'ils boivent même du vin et ne prennent plus qu'une femme, comme la plupart le font aujourd'hui, et ils seront bientôt à nous, mille fois plus que si nous avions garnison au Caire, à Smyrne et à Scutari, et mille fois plus à nous qu'aux Anglais et aux Russes. Tout ceci, je le sais, ne s'obtiendra que si nous paraissons forts, car c'est le souvenir du fort des forts, du géant des Pyramides et de Sainte-Hélène, qui nous a mis en Orient sur le pied où nous y sommes, c'est lui qui vit au cœur du vieux Mehemet-Ali, né la même année que Napoléon, c'est lui qui, pour les vieux diplomates de la Porte, est encore le maître de l'Europe.

En résumé, selon moi, un chanteur, un danseur, un acteur français à Constantinople vaut mieux qu'une compagnie de soldats. *Gagner du temps*, pour la question dite politique, question insoluble dans les termes où tout le monde la pose, est donc beaucoup, si durant ce temps on emploie mille moyens d'influence qui ne sont pas réputés politiques, et qui sont pourtant les seuls qui *rejoignent* les peuples, moyens de rejonction ou de *religion*, ce qui est la même chose. Il n'y a pas un seul de ces moyens qui coûte autant qu'un vaisseau ou un régiment. Mais faites donc entendre cela aux Chambres, direz-vous ? — Oh ! pour cela, vous avez raison, mais aussi qui donc compte sur les Chambres pour entendre quelque chose ? Lamartine est le seul qui fasse quelques trouées au nuage lourd qui s'élève à l'horizon, et il leur montre, à travers, le ciel (il est vrai un ciel trop sillonné d'éclairs, et bruyant de tonnerre); ils l'appellent rêveur! et ils ont, ma foi! raison: c'est rêver de vouloir faire voir des aveugles, surtout avec des éclairs et la foudre, et je maintiens que M. de Lamartine a le double tort de parler à des aveugles comme à des *voyants*. Qu'il songe donc qu'il n'y a pas un seul petit poëte à la Chambre, sauf Fulchiron! et que Viennet lui-même n'en est plus! Avocats et épiciers, qu'est-ce que ça peut savoir de l'Orient! M. Thiers et M. Villemain sont sans doute de bien habiles orateurs, mais ils sont ainsi faits tous les deux, qu'ils ne pourraient guère sentir le saint lieu du beau, du soleil, de la femme. J'en veux aussi à M. de Lamartine de présenter sa *rejonction* des deux mondes, comme une espèce de conquête, à la mode d'Alexandre le Grand, de glorieuse mémoire; c'est bien assez d'Alger, je le répète, et j'espère bien que c'est le dernier exemple du vieux procédé de civilisation. Mais je lui en veux surtout d'avoir grisé son auditoire pour lui faire avaler sa pilule orientale, en lui versant force rasades de ce champagne patriotique du Rhin et des Alpes, puisqu'il sait qu'on l'*accuse de se préoccuper trop des intérêts généraux de la civilisation pour un patriote*; il faut qu'il en prenne son parti, et qu'il ne donne pas aux amoureux transis de la patrie et de la gloire le plaisir de la chatouiller à leur endroit sensible qui est rance et fané.

Mais je me hâte de faire amende honorable, car je m'aperçois que je fais comme tout le monde ; voici plus de trois pages sur l'Orient, où je bavarde comme si nous n'avions qu'à *donner* à ces barbares de musulmans. Nous avons des sentiments si élevés, une raison si droite, des arts si nobles, si grandioses, qu'il semble, forts que nous sommes, que nous n'avons qu'à enseigner et non à apprendre. C'est la thèse inverse que j'aimerais à voir soutenir à la Chambre par un Français un peu bédouin, un peu paysan, non du Danube, mais de l'Euphrate ou du Nil, ou bien un peu pacha. Ah ! comme un Abd-el-Kader ou un Mehemet-Ali arangerait nos glorieux avocats, et nos vanitueux épiciers, s'il parlait français comme Lamartine ! vous qui me dites que cela fait pitié ! Que diriez-vous si vous étiez Arabe ? C'est drôle que cette pensée ne vienne pas de suite à un homme qui vit depuis plusieurs années dans la Chambre des députés, et qui a vu Constantinople, Smyrne et la Syrie ; certainement il n'a pas rencontré un cheick du plus petit village qui n'ait plus de dignité personnelle, de tenue, d'aplomb, de calme; plus de goût sur sa personne, dans ses plaisirs d'ombre, de fraîcheur, de pipe, de harem; plus de noblesse enfin dans toutes ses manières et dans sa parole, que tous nos sous-préfets, préfets, députés, (députés surtout) et ministres. Les croisés ont voulu delivrer le tombeau du Dieu d'abstinence et de pauvreté, ils en ont rapporté le goût du luxe et des plaisirs! Que rapporterons-nous d'Orient, nous, apôtres de l'indépendance, de la liberté, de l'incrédulité? La reponse est faite. — Adieu, cher ami, je vous embrasse tous.

P. E.

CCLX[E] LETTRE

A ARLÈS

Alger, 31 janvier 1840.

Mon cher ami, je vous prie d'observer qu'il y a en ce moment, au moins, quarante vaisseaux de ligne, frégates et bricks en nombre correspondant, avec leurs nombreux équipages anglais, français, russes, autrichiens, turcs et égyptiens, qui sont sous voile, qui coûtent horriblement cher, et qui coûteraient bien plus encore, s'ils faisaient autre chose que se regarder. Or, si le quart, la dixième ou même la quarantième partie de ce qu'ils coûtent, était employé à des œuvres de la nature de celles dont je vous ai si souvent parlé, nous aurions, avant dix ans, un canal de Suez à la Méditerranée, des caravanes franco-musulmanes allant du Caire à Tombouctou, au Sénégal ou au Maroc, la paix avec Abd-el-Kader, une route sûre de Constantinople à l'Indus.

De tout cela, sans doute, vous êtes aussi convaincu que moi; mais comment arriver à en convaincre les peuples et les rois? Comment leur faire comprendre que la *conquête* n'est plus de saison, et qu'il s'agit d'*associer* les peuples, de les mettre en *famille?* Je sens fort bien que nous n'avons pas encore trouvé une forme saisissante pour atteindre ce but.

Cependant, je me dis encore : Depuis dix ans que nous avons Alger, nous avons dépensé environ 300 millions, et 40 à 50,000 hommes ; si, au lieu de venger notre coup d'éventail de consul, de cette manière, nous avions dit à Hussein-Dey : Nous te donnerons un million par an pour faire des routes, ou plutôt nous ferons chez toi ces routes à nos frais ; nous te donnerons en outre un million en instruments et constructions agricoles ; et par-dessus le marché deux gros millions toujours par an, pour ne plus pirater, à la condition que tu protégeras très-efficacement la vie et la fortune de tous les Français que nous voudrons envoyer chez toi, soit pour commercer, soit pour explorer scientifiquement toute l'Algérie, et que tu donneras même à ceux-ci tous les moyens de voyager sûrement avec tes caravanes africaines ; et si tu n'es pas content, voilà encore un million de plus.

Si nous avions parlé et agi ainsi, nous aurions épargné, depuis dix ans, 250 millions, et la presque totalité de nos 50,000 hommes. Les philanthropes et libéraux ont déjà dit, je le sais bien, que le tribut payé autrefois à Alger, comme prime d'assurance contre ses corsaires, était une lâcheté de la chrétienté ; ils avaient raison, parce que ce tribut ne servait qu'à éviter un contact dangereux, et non à en provoquer un avantageux pour les deux races ; mais dans l'hypothèse que je fais, ce n'est plus la même chose ;

le tribut serait payé par le riche pour aider le pauvre à entrer en association.

Vous admettez encore ceci, j'en suis sûr; mais vous dites toujours : Comment le faire comprendre aux peuples et aux rois? Vous croyez donc qu'ils ont la tête dure? Moi, je crois qu'ils ne comprennent pas cela, parce que personne ne le leur dit; et le fait est que vous ne me citerez pas un seul journal ou un seul député qui s'avise de pareilles billevesées; ils aiment mieux faire peur aux Français avec des Russes ou des Anglais; aux Russes, avec des Anglais et des Français; aux Anglais, avec des Français et des Russes; c'est toujours, quant aux nations de l'Europe entre elles, le sentiment de rivalité qui anime même les mieux intentionnées; et vis-à-vis des peuples de l'Asie et de l'Afrique, c'est l'orgueil le plus ridicule et le plus déplacé. Or, la rivalité et l'orgueil seront les principes dirigeants de la politique des peuples, tant qu'on ne démontrera pas à notre siècle très-avide, que la conquête est le plus sot moyen de s'enrichir; et il est bien près de le comprendre, puisqu'il est déjà si ferré sur la nécessité de la paix. Seulement, on peut craindre qu'il substitue la ruse à la guerre. En effet, il veut tout faire par protocoles et diplomatiquement. Eh bien, connaissant son faible, je dis qu'il y a moyen de convaincre, de convertir Robert Macaire lui-même, de l'amener à être l'apôtre de l'association des peuples, et de le faire pérorer supérieurement sur ce texte. Je parle du Robert Macaire français et non de l'anglais, du russe ou de l'autrichien, quoiqu'il y en ait partout, parce que le français est le Robert Macaire orateur, et qu'il faut commencer, par la parole, l'appel des peuples et des rois dans la commandite universelle.

Or, Robert Macaire français, tout en ne voulant pas que les Anglais occupent le Caire, voudrait bien qu'il y eût un joli canal de la Méditerranée à la Mer Rouge, où il pût passer aussi facilement que les Anglais ; il faut donc qu'il monte la tête à l'Anglais pour que celui-ci *en fasse les frais*. Il ne serait pas fâché également d'aller visiter Téhéran et Lahore, puisqu'il envoie un ambassadeur en Perse, et qu'Allard est enterré au Penjaud ; pourquoi alors ne point pousser son grand ami Nicolas à établir des Laffitte-Caillard, à ses frais, sur cette route? Dans tout ce qu'il y a à faire aujourd'hui, ce n'est pas nous qui avons le plus à débourser ; au contraire, et Nicolas viendra nous emprunter pour peu que nos avocats le poussent à jeter son argent par-dessus le Caucase. Nos débours, à nous, ce doit être, comme cela est maintenant dans les grandes circonstances, de beaux discours, puisque nous sommes à l'état *parlementaire.*

Sans la prophétie de Mirabeau sur le drapeau de la *liberté*, Napoléon le *despote* n'aurait pas planté le sien à Moscou. Soyons donc les prophètes du mouvement des peuples, comme nous l'avons toujours été. Et voilà pourquoi j'aime et j'admire Lamartine, quoique je n'adopte pas du tout la forme qu'il donne à ses prophéties; je l'admire, parce qu'il se moque de ce qu'on l'appelle rêveur; il sait bien que ce sera la prophétie française qui finira par entraîner tout le monde. La prophétie française aujourd'hui n'est plus la liberté civile, la liberté politique, la liberté religieuse, le système représentatif, le gouvernement parlementaire, tout cela est vieux; et il suffit de toucher l'Orient pour être convaincu que les prophètes du XVIIIe siècle ont accompli leur tâche en Occident, puisque Voltaire et Rousseau sont déjà en Orient. La prophétie française aujourd'hui est universelle, elle est pour l'Orient comme pour l'Occident, pour le mahométan comme pour le chrétien : c'est l'*association*, l'*affamiliation* des peuples. Tant qu'on ne partira pas de cette base, et qu'on voudra supprimer des races, ou les conquérir, ou exciter la guerre entre elles, on n'avancera qu'en aveugles, sans conscience des résultats obtenus, et par la seule puissance de Dieu qui veut bien nous faire avancer même en aveugles, mais qui nous pousse à voir clair.

Je vous ai dit, qu'en ma qualité de membre d'une commission scientifique d'Afrique, j'avais cru pouvoir et devoir demander qu'on favorisât en Egypte le développement du seul moyen efficace d'explorer scientifiquement l'Afrique, et je vous engageais à conclure de ce que je faisais dans ma très-petite sphère, ce que je voudrais voir entreprendre par des gens plus haut placés ; mais peut-être comprendrez-vous très-bien qu'en effet moi, membre d'une commission scientifique, j'ai pu et dû présenter ainsi notre intervention dans les affaires d'Egypte, sans comprendre mieux pour cela ce que, dans une autre position, celle de ministre ou de député, j'aurais pu faire ou proposer ; car je m'étais permis de critiquer ministres et députés, ce qui est toujours facile à un membre de commission scientifique comme moi, ou même à un bourgeois comme vous. Or, il est très-difficile de dire ce que l'on ferait à leur place, d'abord par une raison bien simple, c'est qu'il est assez difficile de savoir si la position de député ou celle de ministre n'est pas, par elle-même, en France surtout, un obstacle invincible à ce que la meilleure intention puisse produire de bons résultats, et si, dans le régime parlementaire, l'honnête homme, ministre ou député, n'est pas forcé de dire noir pour avoir blanc, et réciproquement.

M. Thiers, par exemple, a une grande puissance sur la Chambre; il aime l'alliance anglaise, et il y attache sa fortune; eh bien, parce qu'il a eu la naïveté de dire ce qu'il pense à ce sujet, il a porté un très-rude coup à l'alliance anglaise, et il a beaucoup aidé au rapprochement de la France avec la Russie et l'Autriche. Si ce n'est pas une naïveté, si c'était par hasard une finesse? (il en est capable, quoique celle-là me paraisse plus profonde que lui; il n'y a qu'un homme en France qui pourrait atteindre là) vous voyez qu'il aurait obtenu noir en disant blanc, et atteint l'aigle en feignant de courir après le léopard. Je crois donc, pour abréger mon bavardage, qu'un député ou ministre, sous l'empire de la Charte-*vérité*, ne peut pas dire la vérité.

C'est tout simple, puisque le régime représentatif est essentiellement le rebours du bon sens. Sous ce régime, les gouvernants sont donc obligés de régner en trompant, et voilà pourquoi la vérité du gouvernement parlementaire est une utopie, un non-sens ou contre-sens.

Je voudrais abréger, mais voici encore une divagation qui m'arrive et il faut que je la laisse passer.

Les hommes que la presse et l'opposition ont enfantés sous la Restauration, les créatures nées du régime parlementaire, sous la branche aînée, sont aujourd'hui au pouvoir. Eh bien, n'est-il pas certain que la presse actuelle n'a pas un avenir semblable à celui de la presse de 1825, et qu'il n'en sortira ni des Guizot, ni des Thiers, ni même des Passy, Mignet, Dubois, Rémusat, Jouffroy, Duchâtel, etc., etc.? D'un autre côté, tous ces messieurs que je viens de nommer, en seront bientôt où en étaient, en 1830, Foy, Girardin, Camille Jordan, Benjamin Constant, Royer-Collard, Casimir Perrier et toutes les illustrations parlementaires de 1825, c'est-à-dire au bout de leur rouleau et bien près de la tombe; il y aura quelques survivants, comme nous avons eu Demarçay, Corcelles, Salverte, c'est-à-dire les mazettes qui ne meurent pas à la peine. Or, le recrutement par la presse, qui s'est fait en 1830, n'est pas présumable; ce ne sera ni J. Janin, ni Soulier, ni Sue, ni même M. Bertin, que nous aurons le bonheur de voir surgir à l'horison politique, et qui s'assoieront sur le banc de misère. Où sont donc les hommes de l'avenir? J'aime à croire qu'ils sont dans des bibliothèques ou dans des fermes, des manufactures, des ateliers d'artistes, dégoûtés des journaux, n'allant pas aux estaminets et amassant leur provision de force pour le moment où leur temps d'agir sera venu. Si c'est pour ces hommes-là qu'on veut parler à la tribune, on peut parler franc, en se moquant des interprétations des chambres, journaux et cabarets; mais il faut se résoudre à n'être que député et non un personnage dit politique. Je n'excepte donc que de pareils hommes de la nécessité générale, où sont aujourd'hui tous les hommes politiques, de mentir.

Si donc j'étais ministre (aussi ne le suis-je pas), je mentirais publiquement, ouvertement; c'est ce que font, je crois, tous les ministres, et je ne dirais la vérité qu'à une seule personne, au roi, c'est ce qu'ils ne font pas. Si j'étais député et que je voulusse avoir une action politique immédiate et devenir ministre (aussi serais-je très-fâché d'être député), je mentirais à la tribune, et ne dirais la vérité qu'au roi. Enfin, si j'étais député, uniquement en vue de l'avenir, alors seulement je ne me gênerais pas, et je dirais la vérité à tous, députés, ministres, roi, peuple surtout, et journaux, et cabarets, estaminets, République, Henri V et *tutti quanti*.

Je suis sûr que je vous fatigue en divaguant ainsi; vous devez commencer à croire que le soleil d'Afrique m'a frappé la tête : vous vous trompez; nous ne sommes qu'en janvier, et vous pouvez tout au plus croire que ma faconde vous lâche son robinet d'eau tiède, comme M. Sauzet. Eh bien! si vous n'êtes pas content, gare à vous! Je crois que voici de l'eau glacée, et puis après de l'eau bouillante!

Dix millions ont été demandés et obtenus pour les éventualités des affaires d'Orient, et doivent être maintenant bien entamés ou mangés; il faudra réclamer bientôt de nouveaux fonds; l'Angleterre en a dépensé au moins autant, la Russie autant et l'Autriche un peu moins. Je demande que l'on pose à la Chambre cette simple question, et qu'on le répète à satiété par la presse :

Ces 30 à 40 millions, s'ils avaient été employés par les puissances européennes à faire le canal de Suez ou à assainir Constantinople, en payant l'armée égyptienne qui aurait fait le canal avec l'aide d'un personnel européen, ou l'armée du sultan, qui aurait démoli et reconstruit les quartiers empestés de Stamboul, n'auraient-ils pas été mieux employés, politiquement, philanthropiquement, commercialement, moralement, religieusement? Ces cinq adverbes joints font admirablement, et j'arrête là le robinet glacé, à l'usage des Ch. Dupin.

Oui, nous devons faire renaître de ses cendres la bibliothèque d'Alexandrie, ressuciter ces grandes momies de Memphis que nous avons dépouillées de leurs bandelettes pourries, et aider le Christ à retrouver sa tombe et son berceau. Nous devons aller de Marseille à Bombay sans changer de bateau, et écraser la peste à Constantinople et à Smyrne. Il faut que du Caire, d'Alger, du Sénégal et du Cap, quatre Européens puissent se donner rendez-vous à jour fixe à Tombouctou, et que Combes l'Abyssinien vienne les y retrouver en partant de Gondar. Pour tout cela, messieurs les députés, il faut tout simplement dire aux Turcs, aux Égyptiens et aux Arabes, dire aux Russes et aux Anglais, que vous voulez cela et rien que cela. Si vous mettez toujours le poing sur la hanche et flamberge au vent, celui-ci *contre* le Russe, celui-là *contre* l'Anglais, un autre *contre* Méhémet-Ali, un autre encore *contre* les Turcs, un autre enfin *contre* Abd-el-Kader, sans dire votre but, c'est absurde. Dites à Méhémet-Ali : Tu seras détrôné si tu ne veux pas que je fasse un canal à Suez et que j'y passe librement, rien de mieux. Dites à Kosreff-Pacha : Je t'étrangle si tu ne veux pas que je tue la peste, c'est parfait. Dites aux Russes que, s'ils ne veulent pas vous aider à désempester Constantinople, vous le ferez *sans eux*, et aux Anglais que, s'ils ne veulent pas vous aider à faire le canal de Suez, vous leur ferez payer ce passage que vous ferez *sans eux*, rien de mieux encore, et ils n'ont certes pas à se formaliser d'un langage si généreux. Mais dire aux Anglais : Il faut que Méhémet-Ali soit fort pour vous empêcher d'aller aux Indes, si cela lui plaît ; aux Russes : Il faut que le sultan soit assez soutenu par nous pour vous enfermer dans votre mer Noire, si tel est notre bon plaisir ; enfin dire au sultan et à son pacha révolté : Vous vous arrêterez tous deux au Taurus, et vous dormirez en paix chacun chez vous, c'est sot et niais. Or, tel est le résumé de toutes les opinions.

-Ceci est le passage du robinet glacé au robinet bouillant; c'est du tiède, vraiment à l'usage des modérés; mais voici l'eau bouillante :

Les députés sont plus empestés que Constantinople; le sable du désert n'est pas plus aride que l'inintelligence des ministres; nos peuples européens sont plus stupides que le Turc le plus ivre d'opium; Mahomet a détrôné Jésus-Christ; Méhémet-Ali, Abd-el-Kader, Kosreff-Pacha ont de la dignité, de l'énergie et de l'intelligence à revendre à tous les maîtres de l'Occident. Et nous prétendons les arranger, les civiliser à notre guise! Mais nous sommes fous, et nous serons punis de notre aveuglement.

Alger enterrera encore des milliers de Français et des millions de francs, parce que nous voulons coloniser comme on colonisait à l'époque où l'on s'emparait d'un pays peuplé d'antropophages; comme on colonisait lorsqu'on faisait la traite des noirs, lorsqu'on réduisait en esclavage les ennemis vaincus, lorsqu'on les exterminait comme héritiques, en un mot, lorsqu'on ignorait qu'il fallait s'*associer* avec eux.

Nous perdrons nos belles paroles et nos agaceries à l'Égypte, tandis que les Anglais qui menacent et injurient le pacha, nous seront préférés, parce que les Anglais *doivent* finir par y être préférés.

Nous serons jugés à Constantinople par les Russes, malgré toutes nos finesses, parce que les Russes *doivent* finir par être les initiateurs européens de l'Asie-Mineure.

Nous serons bafoués par l'Orient, par l'Europe, par l'Amérique; mais, la grande nation, nous le Christ des peuples, nous aurons notre croix, nos clous aux pieds et aux mains, notre couronne d'épines... si Dieu n'écrase pas sous sa parole sacrée notre bavardage athée, s'il ne pose pas son pied sur la tribune corrompue et sur la presse corruptrice, s'il n'étend pas sa main sur nous pour désigner ses élus, lui, le grand électeur !

Nous sommes bien près d'une de ces manifestations divines, et, de ce point de vue, tous les embarras extrêmes de notre position ne paraissent plus que des occasions et des moyens d'en accélérer la venue. Notre faiblesse en Orient, nos revers en Algérie sont les pendants de cette lassitude et de ce profond dégoût que tous les hommes forts éprouvent aujourd'hui en France; la crise approche, parce qu'il faut enfin dénouer ces inextricables nœuds dans lesquels une politique au jour le jour nous empêtre depuis un demi-siècle.

Telle est la parole que devraient prononcer aujourd'hui les hommes dont la voie a du retentissement et qui sentent passer sur leur front le souffle de Dieu; parole d'espérance et de foi qui entraîne vers l'avenir, en même temps qu'elle l'appelle et l'attire; parole de découragement et de mépris, il est vrai, pour le présent; mais qui donc n'est pas un peu découragé? qui donc estime ce monde de bassesses et de corruption? D'ailleurs, ce mépris du monde, tel qu'il est, empêche-t-il de croire que, tel qu'il est, il renferme tous les éléments opprimés de son salut? Dieu m'est témoin du contraire.

Vous devez voir, par la longueur de cette lettre, cher ami, plusieurs choses, d'abord que j'ai du plaisir à causer avec vous, ce qui n'est pas une nouvelle, ensuite que j'ai du temps à moi; et, en effet, la commission ne sait pas encore un mot de ce qu'elle doit faire, et enfin que ce que je pourrais vous dire d'Alger m'intéresse et vous intéresserait beaucoup moins que la grande question d'Orient.

Mes occupations les plus sérieuses jusqu'ici ont été de lire deux romans et quelques articles de George Sand, que j'avais laissé passer dans la *Revue des Deux Mondes*, et quelques poésies de Musset. Si la main de Dieu s'étendait aussi, comme je l'espère, sur ces deux beaux athlètes, il y a bien de l'étoffe en eux, et il en ferait de vigoureux fouilleurs des carrières de l'avenir, eux qui s'amusent encore à saccager les tombeaux du passé !

Adieu, adieu !

P. E.

CCLXI[E] LETTRE

AU GENERAL SAINT-CYR NUGUES

Alger, 1er février 1840.

Mon cher Saint-Cyr, il y a quinze jours que je ne t'ai écrit; je ne veux pas rester plus longtemps sans te donner au moins de mes nouvelles.

J'ai continué à voir, et assez intimement, le directeur de l'instruction publique, M. Lepescheux, et à me mettre au courant des causes probables de l'insuccès complet des esprits pour apprendre le *français* aux Maures et l'arabe aux Français, et des très-faibles résultats obtenus et même à obtenir, pour la fondation en Algérie de colléges royaux calqués absolument sur ceux de France. Une grande partie des fautes commises tient certainement aux hésitations ou changements de systèmes et de personnes dans la direction des affaires de l'Algérie, mais plusieurs aussi tiennent à des obstacles que rencontrent tous commencements, et enfin quelques-unes à des résistances, à un mauvais vouloir qu'on n'a pas su trouver moyen de vaincre, et qui ne me semblent pas invincibles. Je désire que tu me dises si tu crois utile que je m'occupe spécialement de cette question, et que je t'adresse une note.

J'ai continué aussi à étudier les condamnés militaires, qui me semblent toujours l'un des corps les plus utiles pour la colonie, et qui peuvent donner lieu à beaucoup de réflexions dont on pourrait tirer parti en France, soit pour employer ici avantageusement une masse de condamnés mal ou faiblement utilisés en France, soit pour modifier, en France même, le régime des prisons militaires, et aussi celui des prisons civiles, où se trouvent des hommes punis de délits *analogues* à ceux des condamnés militaires.

Les discussions de France sur la question d'Orient m'ont vivement intéressé et il m'a semblé que le gouvernement s'en tirait avec habileté vis-à-vis des Chambres, ce qui me fait espérer la même habileté vis-à-vis des puissances étrangères. M. Thiers, en caressant l'Angleterre, a porté, je crois, à notre alliance avec elle un coup aussi violent que celui qu'elle recevait des événements eux-mêmes, et s'il n'a pas favorisé, par réaction, une alliance avec la Russie (qui est peut-être aujourd'hui impossible), je crois qu'il aura donné à la France et à l'Autriche une commune conviction de l'indispensable nécessité d'un rapprochement sincère entre les deux puissances, qui n'agissent pas uniquement en vue d'un sentiment égoïste, pour résister aux prétentions monopolisantes des deux autres grandes puissances. Or, comme je pense que l'Angleterre sera d'autant plus *véritablement* notre alliée que nous aurons besoin d'elle, je me réjouirais qu'une aussi grave circonstance donnât un intérêt commun à la France et à l'Autriche, intérêt noble et tout-à-fait digne de l'un et de l'autre, intérêt de pacification, de conservation et en même temps de progrès pour tous, pour l'Orient comme pour l'Occident. Et cependant, comme on ne peut pas se dissimuler les conditions toutes physiques qui assurent une influence commerciale *prédominante* de l'Angleterre en Egypte, et une influence militaire et politique également *prédominante* de la Russie à Constantinople, il sera bien difficile à la France et à l'Autriche, tout en s'opposant très-légitimement aux désirs et aux efforts envahissants de la Russie et de l'Angleterre, de reconnaître, au moins de fait, cette prédominance inévitable du commerce anglais et de l'influence russe sur l'Egypte ou la Turquie. Dans la crainte qu'ils ne deviennent tout, peut-être tentera-t-on de les empêcher d'être quelque chose, ou du moins peut-être voudra-t-on essayer qu'ils ne soient pas *plus* que nous, et cependant l'un sera toujours plus que nous, *commercialement*, et l'autre toujours plus que nous *militairement*, en Turquie bien entendu. Et ici un gouvernement parlementaire est un fameux obstacle à une transaction conforme aux données de la nature. Car si notre influence commerciale et militaire est et doit être inférieure à celle de l'Angleterre et de la Russie en Orient, nous avons sur ces contrées une influence bien autrement profonde et puissante que celle du commerce et du canon. C'est notre langue que l'Orient apprend et non l'anglais et le russe, ce sont *nos* sciences qu'on étudie dans *nos* livres, c'est notre caractère qu'on aime le mieux à Pera, à Smyrne, à Alexandrie, c'est nous, Français, qui nous sommes emparés des *esprits* ; mais malheureusement ceci ne se compte pas comme des millions d'écus ou des centaines de canons, et nos avocats crieront que nous sommes vendus à l'étranger, si, en nous ménageant la part qui nous est véritablement due, l'*influence sur les esprits,* nous abandonnons à ceux à qui elle revient leur large part d'influence sur *les choses*, quand bien même nous nous réserverions avec l'Autriche un contrôle, et une part aussi qui vaudraient bien, réunies, chacune des parts de nos deux grands adversaires. — La France a dépensé cette année dix millions pour cette question, la Russie et l'Angleterre au moins autant, l'Autriche un peu moins peut-être et la Turquie et l'Egypte davantage, voilà donc soixante millions consacrés en un an à savoir si tous les navires seront libres d'entrer dans la mer Noire, si tous les peuples pourront aller aux Indes par Suez, et si le pachalick d'Égypte sera héréditaire. Or, je crois qu'avec cette somme on ferait le canal de Suez, une route de Constantinople à Téhéran, et que l'on aurait encore de quoi acheter à Ibrahim-Pacha son droit d'héritage. C'eût été un bon marché à proposer à toutes les puissances l'année dernière, et il est encore temps aujourd'hui, car 1840 s'annonce comme devant coûter bien cher[1].

Adieu, mon cher Saint-Cyr, je t'embrasse de tout mon cœur.

P. E.

---

1. Le 15 juillet suivant, ces quelques mots étaient devenus prophétiques par la survenance du traité qui faillit embraser le monde entier, en excluant la France du concert européen.

CCLXII^e LETTRE

AU GÉNÉRAL SAINT-CYR NUGUES

Alger, 13 février 1840.

Mon cher Saint-Cyr, des lettres de Curson du 5, me font penser que tu m'as écrit plusieurs jours avant ; mais comme le courrier qui devait précéder celui qui vient d'arriver aujourd'hui a manqué, et qu'on ignore même ce qu'il est devenu, quoique le maréchal ait envoyé à Mahon pour le savoir, je n'ai rien reçu et je t'écris, afin que si tes lettres demandaient prompte réponse, tu ne sois pas surpris de mon silence.

Les nouvelles de France nous apportent la nomination de M. Guizot à l'ambassade d'Angleterre, événement important, je crois, par rapport à l'Angleterre elle-même, autant que par rapport à la France, si on se rapproche du discours où Peel déplore le refroidissement de l'alliance française et fait éprouver un échec double au ministère Palmerston. M. Guizot aidera le mouvement de bascule inévitable et déjà si avancé, qui doit faire faire par les torys (comme le disait si bien M. Thiers) ce que les wigs voudraient mais ne peuvent pas faire, à cause de leur affinité avec les radicaux et O'Connel. L'alliance anglo-française pourra bien n'y rien gagner, et M. Guizot est d'une nature si peu *liante* que ce résultat est probable; mais je crois que notre position continentale n'en sera que meilleure, et nous sommes depuis assez longtemps les amis des Anglais pour que d'autres soient jaloux d'avoir à leur tour notre amitié. C'est toujours Vienne qui me paraît le point de mire des diplomates français qui ont un prochain et grand avenir. L'affaire d'Orient est là, et non à Londres ou à Saint-Pétersbourg, et c'est tout simple, puisque la Méditerranée est à l'Autriche.

J'ai toujours en pensée et à l'étude, je dirais presque dans le cœur, la question des condamnés militaires, et je me rends compte ainsi de l'intérêt qu'ils m'inspirent ; c'est que si les Français disparaissent de la régence, et que dans cent ans l'on en cherchât les traces, chaque chose importante, utile, que l'on trouverait ici, serait une œuvre des condamnés. Les cabarets seraient éboulés, les fermes de planche ou de boue seraient brûlées ou en poussière, mais on trouverait les routes, le môle, les quais, les places, les rues, les carrières ouvertes ou praticables, quelques travaux d'assainissement commencés, enfin une espèce de trace romaine empreinte sur la terre d'Afrique par quelques milliers de condamnés. N'est-ce pas une preuve suffisante qu'un pareil passé est un indice certain de l'utilité qu'il y a à s'occuper d'eux en vue du système qu'il faudra enfin se décider à trouver et à suivre pour l'avenir de nos possessions africaines ? Le moment est pressant et propice ; après la campagne, il faudra bien qu'on adopte enfin une ligne de conduite précise, régulière à l'égard de la colonie, et les dernières discussions des Chambres ont bien montré qu'on était encore de tous les côtés d'une complète ignorance sur ce qu'il faudrait faire quand on aurait *vengé l'injure*. Le maréchal, qui ne visite rien, il est vrai, n'a jamais visité les condamnés ; j'ai regretté également que le duc d'Orléans ne les ait vus que par hasard, dans les rues, mais le maréchal presse le ministre d'accorder au brave colonel Marengo la récompense de l'immense service qu'il a rendu ici. Le général Trézel a témoigné, le 11 juin et le 11 novembre, tout l'intérêt qu'il prenait à cette demande; enfin le général Bonnemain (je crois) a mis en tête le lieutenant-colonel Marengo sur ses présentations par suite d'inspection, en janvier dernier. Si tu as l'occasion d'en parler, je crois que tu feras une bonne œuvre. Le général Trézel te dirait où en est cette affaire, et je te prierais alors de m'en informer.

Adieu, mon cher Saint-Cyr, je t'embrasse bien.

P. E.

CCLXIII^e LETTRE

—

A ARLÈS

Alger, 14 février 1840.

Mon cher Arlès, Thiers a fait la cour à l'Angleterre et c'est Guizot qui y va. Thiers a dit que les torys feraient ce que les wigs veulent mais ne peuvent faire à cause de leur parenté avec les radicaux et O'Connel ; et, d'un autre côté,

Peel et Wellington viennent de faire éprouver un double échec à lord Palmerston, lequel lord sommeille. Il s'agit donc d'un mouvement de *bascule* en Angleterre, et par conséquent de mesures *libérales* à accomplir par des *aristocrates*, comme cela s'est toujours passé en Angleterre et partout. Quant à l'*alliance* anglo-française, vous savez que Guizot n'est pas *liant*, puisqu'il est éclectique; je crois donc que, pour le moment, cette alliance ne sera qu'un replâtrage mal joint et seulement un rapprochement par les bords. En d'autres termes, l'Angleterre va avoir beaucoup à faire *chez elle*, et puisque Guizot y va, c'est que la politique *européenne* ne sera, à Londres, que *théorique*, et *pratique* ailleurs. C'est Vienne, j'en suis convaincu plus que jamais, et non pas Londres ou Pétersbourg, ou même Paris, qui doit être le point de mire des diplomates à vue longue et à main pratique, et je regrette bien que M. de Lamartine ait cru devoir s'enfermer, comme il l'a fait, dans la tribune. Dans une époque où l'illustration littéraire est presque un accompagnement obligé de l'illustration politique, il aurait été plus que le pendant de M. Guizot, si depuis quelques années il avait dirigé ses yeux sur l'ambassade de Vienne, où depuis longtemps je vous ai dit que se renouerait la grande question d'Orient. Aujourd'hui M. de Lamartine s'est tant fait l'*orateur* d'une idée, d'un système sur l'Orient, qu'il s'est presque fermé cette voie pour entrer dans la politique *agissante*. C'est grand dommage et j'espère bien qu'il sentira bientôt la nécessité de sortir de ce grugeoir à sel, à poivre et autres épices parlementaires, qui s'appelle la tribune, pour prendre rang dans la vraie armée politique. La presse et la tribune, c'est l'artillerie et le génie, ce sont des armes spéciales, dans lesquelles les généraux les plus illustres ne commandent pourtant jamais des armées, sauf le maréchal Valée. Aussi voit-on toujours, sous son chapeau de maréchal, le bout d'oreille de l'artilleur.

Je ne sais qui est à Vienne en ce moment, mais c'est un beau poste. L'Autriche est de toutes les nations européennes, la mieux assise, celle qui a le moins d'embarras intérieurs, quoiqu'elle en ait, celle qui a le rôle le plus médiateur dans la question d'Orient ; elle et nous, nous occupons ou dominons toutes les côtes de la Méditerranée qui regardent l'Afrique et la Syrie et l'Asie Mineure ; malgré Gibraltar, Malte et Corfou, malgré la flotte russe de la mer Noire, nous serons toujours en définitive, elle et nous, les arbitres des affaires d'Égypte et de Turquie, et elle encore plus que nous, parce que sa position est plus centrale que la nôtre et semble d'ailleurs moins directement intéressée.

Je vous disais donc que M. Guizot allait être un poids de plus dans la balance des basculeurs politiques, et si, comme quelques-uns en parlent, M. de Broglie venait faire rentrer le maréchal Soult à la guerre, ce serait bien pis ; nous irions presque jusqu'à la guerre avec l'Angleterre, et Wellington et Soult dégaîneraient leurs vieilles rapières, mais sans frapper. Les Anglais auront, en effet, peine à se tirer de leurs difficultés intérieures, si leur gouvernement ne leur fait pas jeter leur bile au dehors; c'est une prise de caramel qu'il leur faut en ce moment, ce qui se traduira en langage administratif par un accroissement de leur armée de terre, pour faire meilleure police. Wellington ne pense pas comme M. Maccaulay, que *l'agitation* soit une fort bonne chose, et sur cela il est d'accord avec M. Guizot; en un mot, la soupape de sûreté à besoin de s'ouvrir, en ce moment, dans la machine anglaise, sous peine d'éclat très-violent qui ferait sauter en l'air et par-dessus le détroit, O'Connel lui-même et

M. Maccaulay, dont le dernier discours me paraît un coup de grâce porté à lord Palmerston pendant son sommeil. — Quant à nous, nous traînerons assez tranquillement notre armée, grâce à Alger qui nous occupera agréablement à nous faire tuer quelques centaines d'hommes et à manger nos millions, et grâce aussi aux mille petites phases que présentera encore l'affaire d'Orient. Mais gare à l'année prochaine, où la patience publique sera lassée, et où elle voudra avoir une solution définitive sur Alger et sur l'Orient! C'est toujours ainsi, vous le savez, que les choses se passent chez nous : assez longue patience, puis explosion. Quant la France a dit à Napoléon : Expliquez-vous, que voulez-vous ? et qu'il a répondu : Ton dernier enfant et ton dernier écu... Napoléon a été vaincu. — Quand le comte d'Artois, en 1815, faisait dire de lui par son frère Louis XVIII : D'*Artois veut aller trop vite*, on les a mis tous à la porte. — Quand Charles X a enfin dit son mot sur la presse, les garçons imprimeurs l'ont envoyé promener. Enfin, quand on demandera positivement, l'année prochaine : Que voulez-vous faire d'Alger, quand finissez-vous l'affaire de Constantinople, il faudra répondre net. J'espère qu'on sera en mesure, car il n'est plus possible d'engourdir plus longtemps la France sous la nullité des discours de la couronne ; le temps des atermoiements est fini. Est-ce le commencement du règne du duc d'Orléans que je présage ainsi ? C'est possible, mieux vaudrait, l'année prochaine, une pensée médiocre, un système de second ordre, et je crois que le duc d'Orléans peut mieux que cela, que l'éclectisme politique, qui est toujours entre les deux selles du *moi* et du non *moi*. Il a été fort utile et fort habile, mais il a fait son temps, et M. Guizot l'emporte avec lui hors de France. Bon voyage !

Adieu, cher ami, je vous serre la main et embrasse tout ce qui vous entoure.

P. E.

CCLXIVe LETTRE

AU GÉNÉRAL SAINT-CYR NUGUES

Alger, 15 février 1840.

A peine venais-je de mettre ma lettre à la poste, mon cher Saint-Cyr, que le courrier en retard est arrivé, et aujourd'hui j'ai reçu par l'intermédiaire du colonel, la lettre du 4 février. Je n'y répondrais pas aussi vite si je ne croyais pas nécessaire d'ajouter quelques mots à la note sur l'Égypte. M. Cochelet est une connaissance assez intime que j'avais faite en Russie, et qui, je l'ai su, en a gardé un bon souvenir ; Edhem-Bey est, je peux le dire, un ami qui m'a toujours témoigné une confiance plus qu'ordinaire. Enfin presque tous les européens que j'ai nommés dans ma note ont été amenés par moi en Egypte et le séjour que j'y ai fait m'a mis à même de bien connaître les Égyptiens instruits que je nomme. Je te dis cela afin que tu juges si, la chose prenant consistance, il serait bon de faire valoir ces titres pour que je fusse chargé de mission, là-bas. Ce que tu dis très-justement et sans doute d'après ce que tu vois aussi par toi-même, que les *circonstances* et les DISPOSITIONS ne sont pas très-favorables à une commission comme la nôtre, est un motif pour y songer. Toutefois, et je regrette de ne pas l'avoir écrit d'abord, je crois qu'il y a un homme à qui, avant tous, cette belle tâche revient et qui pourrait seul la mener à bonne fin, si son âge lui permet de s'en charger. C'est

M. Jamard, qui doit cela à l'Égypte, et à qui l'Égypte et son souverain doivent une réception qu'ils sont tout disposés à lui faire. C'est à M. Jomard qu'appartient l'honneur d'avoir signalé le premier et le plus chaudement, à la France, l'importance de l'homme qui a continué (à la turque il est vrai, mais qui enfin a réellement continué) l'impression française donnée à l'Égypte par Napoléon. C'est lui qui a présidé à l'éducation de tous les jeunes égyptiens à Paris, c'est lui enfin qui, sans titre officiel, a été et sera toujours, près du gouvernement et des institutions savantes de la France, aussi bien qu'il l'est dans la pensée de Mehemet-Ali et de tous les Égyptiens, le vrai représentant, l'ambassadeur d'Égypte à Paris, comme il devrait être l'ambassadeur ou ministre de France en Égypte, le jour où la diplomatie européenne traiterait Mehemet-Ali en souverain. Aussi, lorsque je t'ai parlé des titres que j'avais à *me mêler* de cette affaire, ai-je été loin de croire que je sois en position de la *diriger*, mais je crois que je pourrais être utile à M. Jomard, s'il en était chargé, et je pense même que je ne pourrais être utile qu'à lui, parce que je ne conçois que lui seul qui puisse et doive en être chargé.

A propos de ce projet, tu me dis que tu as hésité à le remettre dans la crainte d'indisposer mon chef contre moi. Non-seulement comme tu l'as remarqué, il n'était pas ici, mais il n'a manifesté en aucune manière le désir que nous lui remissions nos travaux et lui communiquions nos idées, ni surtout l'intention de nous empêcher, les uns ou les autres, de faire des rapports, des notes, des lettres, je dis plus, des collections même, pour qui nous voulons. En un mot, il n'a donné, je le répète, aucune instruction, aucune direction, aucun ordre. — En outre, tu remarques que j'obeissais d'ailleurs à la demande que le prince avait faite, mais tu n'ajoutes pas, ainsi que je te l'avais demandé dans une de mes lettres, comment je devrai, à l'avenir, obéir à ce désir exprimé par le prince d'avoir des notes de moi sur ce que je verrai ici. Je désirerais savoir si je dois continuer, comme pour la première, à passer par tout intermédiaire, c'est la forme qui me plairait le plus, parce que tu ne présenterais que ce qui aurait ton approbation ; et je t'avoue que, de cette manière, je ne me ferais aucun scrupule de soumettre au prince ce dont je n'aurais pas même dit un mot au colonel.

Comme tu me le conseilles, je m'efface et

j'observe et étudie en silence, c'est pour cela même que j'ai pris ma petite maisonnette tranquille. Pour le maréchal, pour le colonel, je me borne aux devoirs de politesse, et vis-à-vis de toutes personnes, j'attends qu'on vienne à moi, qu'on veuille de moi, mais je me garde de m'offrir ou de m'imposer. Tous mes collègues, sauf peut-être M. Pellissier, me font bonne mine, et je crois que M. Pellissier ne se tient froid et à l'écart que parce qu'il suppose que j'aurai souvent à m'occuper des mêmes sujets que lui, et que, selon l'habitude du temps, il croit que deux hommes qui devraient s'aider, sont deux rivaux qui doivent se défier l'un de l'autre.

Ne vois, je te prie, dans ce que je te dis aujourd'hui de l'Egypte, ni une envie désordonnée de changement, car en vérité je me trouve très-bien ici, ni une conviction que je n'ai rien à faire ici, conviction qui serait prématurée et qui d'ailleurs est entièrement contraire à la mienne. C'est ta phrase, sur les *circonstances* et les *dispositions*, et les deux noms de Cochelet et d'Edhem-Bey qui m'ont fait prendre la plume, et qui m'ont permis d'ailleurs de réparer un véritable oubli que j'avais fait en ne parlant pas dans ma note, parmi les moyens d'exécution, du plus important de tous, du choix de la personne qui pourrait en être chargée. Je sais bien tout ce que plusieurs savants ont pensé de la science de M. J., et ce que plusieurs politiques ont dit de sa passion pour l'Égypte; cela ne m'empêche pas de le considérer comme étant, sous tous les rapports, à mille piques au-dessus du chef de la commission scientifique d'Afrique ; et je suis certain d'ailleurs qu'auprès du pacha, il pourra tout ce qu'il voudra dans l'intérêt d'une pareille mission.

Adieu, tout à toi.

P. E.

CCLXV[e] LETTRE

A ARLÈS

Alger, 21 février 1840.

Mon cher Arlès, votre lettre du 30 janvier, qui est restée quinze jours en route, m'est enfin parvenue avec le petit billet de M. Lamartine, mais la dernière du treize courant qui me donne de meilleures nouvelles de notre malade me fait plus de plaisir que le billet, qui n'est pas bon et n'est pas juste ; ce n'est pas du tout parce qu'il n'a pas de place à donner qu'on repousse ses idées, mais c'est parce qu'on repousse ses idées qu'il n'a pas de place à donner, et qu'il n'en a pas pour lui-même. L'erreur tient à ce qu'il croit encore qu'être député est une place, et que c'est sa place. Ce n'est une place pour personne, c'est tout au plus un lieu pour plusieurs, mais ce n'est surtout pas la place de M. Lamartine ; pour lui ce ne peut être qu'un corridor ou un escalier et les grands hommes ne se tiennent pas là. Autrefois il y avait l'Œil-de-Bœuf, aujourd'hui il y a la Chambre ou antichambre. On va y faire sa cour au *pouvoir ;* fort bien ! mais c'est pour le prendre et non pour le regarder passer. Racine, Corneille ou Molière allaient, il est vrai, le voir passer et ne songeaient pas à le prendre ; mal en a pris à l'un d'eux, pour lui avoir dit autre chose que poësie ; mais aujourd'hui c'est trop de modestie que de se réduire à être tapissier du *Roi-parlement*, ou historiographe de la France constitutionnelle. Je vous l'ai déjà dit, M. de Lamartine orne, décore, illustre la Chambre ; sans lui il n'y aurait, dans ce grand parloir, pas ombre d'art, de poësie, d'idéal: mais ce n'est pas cela que M. Lamartine à voulu lui-même en entrant à la Chambre, il n'en a pas voulu être le décorateur et le rapsode ; il a fait deux parts de sa vie, et a prétendu laisser chez *lui* sa poésie, et apporter chez *eux* sa politique ; et c'est précisément parce qu'il a voulu se couper en deux, ce qui est impossible, que sa position n'est pas nette, et qu'il n'est plus poëte chez lui, ni politique chez eux. parce que la vie de M. de Lamartine est et doit être celle du *politique-poëte* (cela ne fait qu'un nom, qu'une vie, qu'un homme) et que tous les grands hommes sont ainsi revêtus de ce double caractère, chez eux comme sur la place publique. Faire *Jocelyn* d'une part, et de l'autre remuer les destinées du grand monde à propos de l'Orient, c'est se condamner à faire de la politique dans *Jocelyn* et de la poésie à la Chambre. — C'est la même œuvre qui appelle tout l'homme, c'est un seul dieu qui se meut; le *polythéisme* ne va pas aux grandes âmes, elles ne supportent que le culte de l'*universel*, ou celui du plus idolâtre *fétichisme*.

Tenez, jamais vers ne m'ont fait pleurer autant que cette sublime plainte du père désolé, en Syrie, et pourtant j'ai fermé violemment le *livre*, il m'a fait mal. J'aurais voulu que pour un siècle il fût scellé, que ce fût un testament du père, cacheté, enveloppé, avec ordre de n'ouvrir que sur sa cendre froide. Le *livre!* le *livre!!* O poëtes! que vous êtes malheureux qu'il ne faille plus des siècles pour graver sur le marbre et l'airain vos passions, vos amours, votre vie! les hommes ne peuvent-ils pas attendre un peu ces grands élans de votre âme? et vous, qui vous presse donc d'introduire la foule dans le mystère de votre vie? Eh bien, la politique de Lamartine, ses plus nobles, ses plus grandes idées, les formes si élevées qu'il donne souvent à sa pensée, sa belle tête que je vois d'ici, son organe que j'entends, sa pose que j'admire, tout cela me fait mal à la *Chambre*, comme son admirable douleur m'a fait mal dans un *livre*. *Presse* et *tribune*, double voix du siècle, toutes deux indignes de prononcer le nom de Dieu, vous êtes toutes deux condamnées à une mort prochaine; soyez les marche-pieds du génie et qu'il vous foule de sa parole, vous êtes condamnées.

Parlons plus froidement. La réforme électorale (c'est encore un peu chaud) marche; elle est absurde de tous côtés, mais enfin tout le monde, sauf Dupin qui ne dit, comme à l'ordinaire, ni oui ni non, convient qu'il y a *quelque chose à faire!* Ceci est un grand mot, dont je rends grâce au ministre de tous les innombrables cultes. La marmite représentative n'est donc pas très-loin d'être renversée, et comme dit Saint-Simon, l'omelette va se retourner. Nous ne sommes en France ni des réformateurs, ni des réformés. Nous aimons les habits neufs, et au moindre trou nous ne voulons pas recoudre. La *réforme* électorale me paraît donc synonyme de *mise au rebut* du système électoral. C'est l'héritage que Louis-Philippe laissera au duc d'Orléans, comme les parlements ont été l'héritage de Louis XVI ; seulement Louis XVI, quoique averti, dit-on, par la parole de Louis XV lui-même, n'était pas préparé. Le duc d'Orléans *pourra* y être préparé ; là est pour moi le nœud de la politique française, et par contre-coup inévitable, de la politique du monde. Et ne prenez pas cela pour une prophétie *r*évolutionnaire elle est bien *é*volutionnaire. Je dis que tous les hommes qui pressentent les destinées humaines doivent avoir les yeux fixés, soit sur les obstacles *les plus grands*, soit sur les aides *les plus utiles*; or, dans les momens décisifs, ces obstacles ou ces aides se rencontrent très-près de la scène ; sans doute Napoléon était loin du trône impérial, quand Louis XVI était sur l'échafaud, mais il en était près au 18 brumaire, et à cette dernière époque Louis-Philippe était loin de songer à modifier par le juste-milieu le gouvernement de sa branche aînée, mais il en était bien près en 1830; déjà en 1820, et même en 1815, il était *en vue*. Aujourd'hui le duc d'Orléans ou Henri V ou bien la République, il faut choisir, et ne pas rester entre trois selles ; le temps presse. Avec Henri V ou la République, révolution certaine ; avec le duc d'Orléans évolution possible, et je m'explique sur ces deux mots : la révolution républicaine n'a qu'un effet, détruire ; la révolution carliste en aurait deux : détruire et essayer encore du *vieux* ; l'évolution à faire consiste bien à enfoncer la tribune et la presse, mais pour faire du *neuf*, ou du moins le commencer, en montrer le DÉSIR. Je défie qu'on cite parmi les hommes *en vue* un seul qui s'annonce comme plus *désireux* d'adopter des idées neuves en politique que le duc d'Orléans, et cela précisément parce que sa position le met en dehors à peu près de ce qu'on nomme la politique, et aussi haut que possible au-desus d'elle, de manière à sentir tous les vices de cette politique actuelle. Je n'ai jamais entendu parler des affinités de M. Thiers, de M. Guizot ni de M. Molé lui-même, ni de Montalivet, avec le duc d'Orléans : c'est une preuve pour moi que tous ces hommes n'ont pas la vie plus longue que Louis-Philippe, si même celui-ci ne les enterre pas tous. Le premier homme politique qui sera signalé comme l'homme du duc d'Orléans me paraîtra s'être assuré l'avenir, et celui qui cherchera à être l'enfant chéri de la presse ou le coryphée de la tribune, me paraîtra légèrement voltigeur du passé. Je sais bien que le bon peuple dirait, si je lui lançais toutes ces rêveries à la face : Mais vous ne parlez que de quelques hommes, que d'un homme, vous faites rouler toute l'humanité su un seul homme ; moi, peuple, ne suis-je donc rien ? Bon peuple, répondrais-je, vous avez été maître assez longtemps, et vous ne savez que faire de votre multiple royauté. Quand vous avez fait vos folies en 93, il a fallu un directoire Robert Macaire pour vous engourdir, et ensuite une bonne épée pour vous mettre au pas ; en 1830, vous avez voulu recommencer, mais promptement on vous a *floué* ; vous voudriez recommencer encore, il faut *prévenir* cette fois vos bamboches et vous faire rentrer DANS L'ATELIER, en s'occupant, il est vrai, d'ORGANISER *votre atelier*[1], car c'est tout ce que vous avez à demander ; c'est même, au fond, la seule chose que vous voulez. ORGANISER L'ATELIER, voilà ce que le duc d'Orléans *peut commencer*, voilà ce qu'il commencera, j'espère, si Dieu nous prête vie, à vous et à moi, j'espère bien pouvoir dire aussi : et à Lamartine.

Assez de politique intérieure ; je vous ai dit dans mes trois précédentes lettres tout ce que je pensais de la question orientale, ainsi me voilà au bout de mon rouleau et je vous serre la main de tout mon cœur.

Mille compliments et amitiés à M. Rivet, je vous prie.

P. E.

1. Enfantin, toujours plein du souvenir des émeutes de 1832 et 1834, qui n'avaient servi qu'à raviver l'esprit réactionnaire et à compromettre et affaiblir l'esprit progressif, Enfantin poursuivait avec persévérance ce qu'il appela l'*apostolat royal*, à l'occasion de la mort d'Hoart (vol. X, p. 136). Il lui fallait la conversion d'un homme puissant à l'idée d'une amélioration dans l'*organisation du travail*, et il ne voyait alors que le duc d'Orléans qui pût réaliser son espérance.

CCLXVI[e] LETTRE

A ARLÈS

Constantine, 19 mars 1840.

Mon cher Arlès, je suis arrivé ici le 13, très-content de mon rapide voyage, fait par un temps superbe. Le général m'a parfaitement accueilli, je suis bien logé, dans son palais et avec Urbain; mes bagages arrivés un jour après moi, m'ont permis de m'installer très-confortablement, et enfin je suis maintenant tout reposé.

Tous les gros personnages paraissent avoir été séduits par la bonne grâce du duc d'Orléans, et plusieurs, les plus jeunes, le Hakem surtout, se proposent bien de profiter de la permission qu'il leur a donnée de venir le visiter à Paris, dès que la campagne contre Abd-el-Kader aura redonné de la tranquillité dans l'Algérie. Le père du Hakem est aussi décoré et le prince lui a donné une bague portant son chiffre en diamant; tous ont eu de beaux cadeaux, et les Arabes sont très-sensibles à ce genre de conversation.

Constantine est une fort vilaine ville, mais des plus extraordinaires par sa position; depuis que nous l'occupons, nous n'avons fait que fort peu de travaux intérieurs, elle a donc conservé son ancien caractère arabe, seulement elle est certainement plus sale qu'avant, si j'en juge par l'incurie que les Français apportent dans toutes les maisons habitées par eux. Il semble que l'ennui et le dégoût règnent chez nos troupiers, mais surtout chez nos officiers, parce qu'en effet il n'y a ici aucune des ressources de la vie matérielle d'Europe, et à plus forte raison pas de traces de sa vie morale ; pas de femmes, pas d'auberges ; les meubles horriblement chers, pas la moindre promenade, pas de livre, de spectacle, de concerts, de bal ; aucune des mille petites délicatesses de notre comfort, des maisons froides et humides en hiver et le bois très-cher ; enfin pas même de grand travail, parce que la ville est bien fermée et par conséquent les postes peu nombreux ; et que l'argent manque pour entreprendre des démolitions et constructions de routes, de rues et de places. — Aussi tout le monde aspire-t-il au moment où le maréchal donnera le signal d'une petite expédition que doit faire le général Galbois du côté des Portes de

Fer, pendant la grande expédition d'Alger. Je suis sûr qu'il n'y pas un seul rêve civil, producteur, dans toutes ces têtes militaires ennuyées, et c'est là peut-être l'inconvénient correspondant à l'avantage immense qu'il y a eu à défendre ici l'avenue des trafiquants. Depuis les soldats qui laissent à la porte de leurs corps de garde des décombres, des ordures, sans songer à les balayer ou seulement à les repousser du pied, jusqu'aux chefs de l'administration qui ont laissé les citernes se corrompre ou se combler, tout le monde a l'air *embêté*. La seule ressource contre l'ennui, parmi les militaires, est de déblatérer contre l'administration, toute composée, selon eux, de voleurs ou de gens faibles qui laissent voler ; il paraît qu'en effet il y a, dans ce corps, une masse de pillards qui en remontreraient aux Arabes et aux juifs du pays. A un certain point de vue, on peut presque se consoler qu'il en soit ainsi, parce que ces coquins-là rendront la guerre si coûteuse, à mesure que leur faculté macaire se développera, qu'ils finiront par la rendre impossible chez tous les peuples civilisés. On a déjà dit cela des armes à feu, on le dira bientôt de l'intendance.

Je n'ai pas encore entendu le moindre mot de

politique depuis que je suis ici, et pourtant je confesse qu'il me tarde d'apprendre ce que devient le gouvernement parlementaire; ce pauvre vieux blagueur m'intéresse (je vous prie de croire que c'est du parlementarisme que je parle et non d'une autre personne qui m'intéresse certainement aussi, mais pas sous le point de vue plaisant, parce que sa position est trop grave). M. Thiers arrive-t-il enfin, et notre causerie sous les galeries du théâtre avec M. Brosset va-t-elle se réaliser? irons-nous jusque-là? c'est bien probable. Plus que jamais alors vos amis doivent se rapprocher et se rattacher à l'homme qui pourra faire une véritable et utile *opposition* ; si je voulais faire un calembourg je dirais que la révolution a commencé par le tiers et qu'elle doit finir avec le Thiers; on ne pouvait ni commencer plus bas ni finir en allant plus loin. M. Thiers aura la majorité, peut-être une assez imposante majorité, mais l'avenir et la force seront dans une petite fraction de la minorité, fraction qui grossira vite, et qui sera d'autant plus forte qu'elle ne sera ni au service du *Journal des Débats*, ni au service du Roi, ni au service de la république ou d'Henri V, c'est-à-dire qu'elle n'existe pas encore ni dans la chambre ni dans la presse ; en d'autres termes, le duc d'Orléans n'a pas un *parti*, il n'a que des aides de camp ou des serviteurs de son père. C'est absurde, dans l'intérêt de son père lui-même, puisque ce serait le seul moyen de rattacher au *trône* ceux que le trône actuel ne peut gagner. M. Thiers aura beau faire du tapage patriotique, il lui faudra longtemps pour devenir *populaire*, et le prince le serait s'il voulait s'en donner la peine, et s'il ne craignait pas, en faisant ce qu'il faut pour cela, d'affliger ou d'effrayer son père. Il est même déjà un peu tard, parce qu'on attribuerait ses efforts dans cette direction à la crainte, et non à un sentiment véritablement populaire. Le prince devait s'opposer hautement à la loi Nemours, il ne l'a pas fait ; mais là était sa ligne de devoir *filial* comme de devoir et même d'habileté politiques ; désapprouver son père, c'était lui faire un rempart solide de sa propre personne, c'était sauver sa mère des ridicules lamentations du *Journal des Débats*, et de l'historiette indigne de la *Revue de Paris*. Rompre avec le parti de *la cour*, et pourtant ne pouvoir être pris pour un *républicain* ou pour un *carliste*, n'est-ce donc pas une bonne manière, pour qui veut être un jour roi, d'appeler à lui tout ce qui sent l'avenir, tout ce qui cherche vraiment sa place dans le présent et qui le trouble. De même si le roi consent à subir M. Thiers, que le duc d'Orléans respectueusement s'éloigne ; son isolement le mettra bientôt plus en vue, et lui fera plus d'amis que toutes les grâces dont il dispose aujourd'hui. Et en effet, subir M. Thiers, est pour la royauté un mal aussi grand que la loi Nemours. Je suis loin de dire que ce sont des fautes, ce sont des nécessités de position, inévitables pour un prince qui s'est honoré du nom de roi-citoyen; double nature qui le fait agir et penser en *Roi*, pour sa famille, agir et penser en *sujet* pour son pays. Mais si ce ne sont pas des fautes, ce sont au moins des malheurs dans lesquels le prince devrait s'abstenir d'intervenir, et qu'il devrait avoir le courage de déplorer hautement ; le courtisan qui suivait Louis XVI à l'Assemblée, lorsque ce *premier roi-citoyen* allait s'humilier devant la Constitution, celui qui écrivait sous sa dictée les plaintes indignées du monarque à ses frères les souverains de l'Europe, celui-là n'était pas un prince, un fils de roi, un héritier de couronne, c'était un courtisan qui pouvait être serviteur fidèle, aimant et surtout obéissant jusqu'à la prison et à l'échafaud. Mais il s'agit aujourd'hui de faire, pour le *second Louis XVI*, ce que les enfants trop jeunes du premier n'ont pas pu faire, ce que Louis-Philippe, en 91 et 92, avait presque tenté pour lui en se faisant patriote; ce qu'il n'a pas pu faire en grande partie à cause de son père : il s'agit de sauver le Roi et la France.

Il vous semblera peut-être, au premier abord, que je me suis contredit en parlant de désapprouver *l'imposition* Thiers de même que la *loi* Nemours, puisque l'une sera voulue par la Chambre et acceptée *par contrainte* par le Roi, tandis que l'autre était voulue par le roi et repoussée par la Chambre. Et en effet, la forme de la désapprobation dont je parle devrait être tout à fait différente dans les deux cas, quoique le fond soit le même; s'*abstenir,* être *mécontent,* la forme différerait en ce sens que dans le premier cas, celui où le Roi subirait M. Thiers, c'est une protestation contre *le représentatif,* et qu'il est indispensable qu'enfin on ose faire entendre d'en haut que ce gouvernement n'est pas toute perfection, et qu'en définitive, c'est la Chambre des députés, c'est-à-dire une grande pétaudière, qui gouverne. Il est d'autant plus nécessaire qu'un prince le dise, que le roi, malgré les balles et les poignards, et malgré les avanies dont il est abreuvé, ne le dira jamais et ne le pensera même jamais, tant il est fils de la Révolution, élève des constitutionnistes, et nourri d'anglais ; or, beaucoup d'hommes, et d'hommes graves et puissants, le pensent cependant déjà en France, et ils se réjouiront le jour où un prince osera le dire, et ils s'approcheront de lui, comme Murat, Lefèvre, Lannes se sont rapprochés de Napoléon, quand il a osé en finir avec les bavards de son temps. Songez même que les progrès de ce qu'on nomme la *réforme électorale*, signalent combien d'hommes, pour un motif ou pour un autre, sont dégoûtés de la forme du gouvernement dont nous avons le bonheur de jouir. Il serait même plus heureux que ce fût par une désapprobation dans ce sens que le duc d'Orléans commençât le rôle d'opposition parlementaire et très-systématique que je lui conçois, car je sens tout ce que l'autre forme pourrait blesser en lui de tendres sentimens de famille, toujours un peu aveugles, mais qui sont si doux dans la vie.

Le temps presse, l'héritage du prince se grossit chaque jour d'immenses questions qu'il ne faut pas laisser encombrer de difficultés nouvelles ; Alger, l'Orient, en voilà bien assez pour de fortes épaules. Le prince y succomberait, si l'on ne met pas un terme à l'anarchie politique qui nous ronge à l'intérieur, en donnant satisfaction légitime aux besoins réels qui l'ont fait naître et qui l'alimentent.

Puisque je viens de parler de la *loi Nemours* terminons cette lettre par une autre question de famille.

La famille d'Orléans est sans doute dans une excellente position pour aider puissamment la transaction politique de la famille féodale du passé, copiée si servilement par Napoléon, à la famille industrielle de l'avenir. Quoique les trois princes ou princesses qui se sont mariés aient suivi sur ce point la mode antique, déjà ils ont fait un double accroc au mariage catholique, et ont consacré ainsi la tolérance religieuse, dogme si admirablement transitoire de notre époque. Mais ils ont conservé dans ces unions la tradition politique de leurs ancêtres ; ils se sont soumis aux préjugés des castes princières, préjugés autrefois très-favorables, aujourd'hui plus dangereux qu'utiles à l'union des peuples. Dans ces trois mariages, deux sont tout au plus insignifiants; un seul, celui du roi des Belges, est de quelque importance; encore est-ce une question de savoir si cette union sera profitable, en définitive, à la France et à la Belgique.

Est-ce qu'il ne serait pas temps pour cette famille, dont presque tous les membres sont animés d'un sincère désir de noble et bonne popularité, est-ce qu'il ne serait pas temps, dis-je, de tenter, en fait de mariage, quelque chose d'analogue à l'entrée des princes au collége, quelque chose de populaire, politiquement et moralement, quelque chose qui sorte évidemment du cœur, et qui ne soit ni conventionnel ni diplomatique? Il me semble que ce serait encore là un bon et noble moyen d'en finir avec le duc de Bordeaux et même avec les républicains, car alors la monarchie de 1830 ressemblerait beaucoup à *la meilleure des républiques*.

Adieu, je vous embrasse de tout mon cœur.

P. E.

CCLXVIIᴱ LETTRE

AU GÉNÉRAL SAINT-CYR NUGUES

Constantine, 25 mars 1840.

Mon cher Saint-Cyr, puisque notre courrier d'Alger n'arrive pas, et que le départ de nos lettres se trouve ainsi retardé, je voudrais profiter de ce temps, que la neige et la pluie me forcent d'ailleurs à passer dans ma chambre, à te consulter sur une question que tes études et tes nombreuses connaissances parmi les hommes qui savent le passé, te rendront, j'espère, facile à résoudre, et que je ne peux parvenir à éclaircir, avec le peu de livres que j'ai, par mes conversations avec plusieurs hommes instruits et particulièrement avec mon collègue, M. Carette, comme toi lauréat du concours de Paris, et qui a fait une forte étude des écrivains qui ont parlé de l'occupation romaine en Afrique.

Voici cette question. — Les Romains, en s'emparant de cette partie de l'Afrique, l'ont-ils *colonisée* ou simplement gouvernée et administrée ? S'ils l'ont colonisée, et c'est l'opinion généralement admise et le mot consacré, ont-ils transporté sur le sol africain des *familles romaines* pour la culture, ou bien ont-ils *formé famille* avec de pauvres indigènes pour constituer des établissements agricoles, ou bien se sont-ils bornés à quelques cultures locales et pour ainsi dire modèles, faites par des colons militaires (célibataires) autour des points occupés, intéressants pour la défense ?

Lorsque, dans deux mille ans, des archéologues visiteront les Etats-Unis et l'Inde, ils trouveront bien dans ces deux contrées des traces *matérielles* de la domination de la race anglaise, mais aux Etats-Unis ils trouveront la race elle-même, tandis que dans l'Inde elle n'aura pas laissé de trace. Ici je ne pense pas que la race romaine se découvre nulle part, malgré sept siècles, je crois, d'occupation, malgré les ruines géantes de monuments et de routes qu'elle y a laissées. Peut-être n'en pourrait-on pas dire autant de l'invasion Vandale, quoiqu'elle ait été de courte durée, comparée à celle des Romains, et quoique les pierres ne parlent pas pour eux comme pour Rome ; mais les Vandales, comme les Arabes, traînaient *la famille* à leur suite, et cela s'explique.

Je ne crois pas avoir jamais lu ou entendu dire que les Romains aient transporté en Afrique *la famille*, si ce n'est par exception, et principalement comme maisons de campagne patriciennes, ou comme familles *propriétaires*, et non cultivatrices, des fonctionnaires administrateurs de ces provinces. Il me semble même qu'il en a dû être ainsi de toutes leurs innombrables conquêtes ; en général ils n'ont ni détruit, ni refoulé les populations voisines, comme les Anglais aux États-Unis, pour y porter un peuple tout nouveau de colons, et ils ont bien plus ressemblé aux Anglais de l'Inde, avec la différence qu'il y a entre un but et des moyens particulièrement militaires, ou un but et des moyens particulièrement commerciaux.

Les Romains donnaient place aux dieux des vaincus dans leur panthéon ; ainsi la religion et les lois ne mettaient aucun obstacle, au moins de leur côté, à ce qu'ils s'unissent, par un concubinage très-légal, avec les femmes de races soumises. Je crois donc difficile de ne pas admettre que les soldats romains venus en Afrique n'y pratiquaient pas l'abstinence du célibat ; mais ces unions formaient des *familles*, et surtout des familles de *cultivateurs*. Des fermes, des villages de *colons romains* se constituaient-ils ainsi? J'en doute fort. Aujourd'hui des mauresques, des juives et des bédouines même, sont soumises aux charmes et à l'argent du troupier français, mais de là à former la sainte famille du *cultivateur*, il y a bien loin.

Je vois qu'en général les personnes qui pensent que les Romains ont colonisé, et qui entendent par là qu'ils ont, par eux-mêmes, cultivé la terre d'Afrique, conviennent cependant qu'ils n'ont jamais donné *immédiatement* cette forme à leurs conquêtes, et qu'ils ont dû consacrer un assez grand nombre d'années à asseoir d'abord militairement leur occupation, c'est-à-dire à s'occuper des routes, camps, fortifications, édifices publics ; et en effet, on ne peut pas révoquer en doute que les *armées* romaines étaient bien plutôt maçonnes que cultivatrices. Mais les mêmes personnes prétendent qu'après ces premiers soins, soit par des colonies militaires de vétérans, soit par des colons proprement dits, Rome a mis en culture une grande partie de ses possessions africaines.

A ces personnes j'ai demandé si elles avaient

trace, dans les auteurs anciens, de distributions de terres faites à des soldats, et l'on ne m'a répondu que par le fait cité par M. Dureau de la Malle d'après Appien, qui dit que César donna à Sittius, chef de *partisans,* une partie du territoire de Cirta, et que celui-ci le distribua à *ses soldats;* M. De la Malle dit : aux soldats *romains et italiens* qui avaient vaincu sous ses ordres, mais on m'assure qu'Appien dit simplement *à ses soldats*, qui devaient être au contraire généralement indigènes, d'après ce que dit Appien de la vie de ce Sittius en Afrique.

Dans tous les cas, et quand bien même des distributions de terres auraient été faites à des soldats, ou des concessions à des patriciens ou autres, la question n'est pas là pour moi. Ce que je désire savoir, c'est si les concessionnaires, à titre gratuit ou onéreux, ont *cultivé*, ou bien s'ils ont *fait cultiver* et alors retiré simplement un fermage ou loyer quelconque; enfin s'ils se sont établis sur le sol, y formant familles et villages de cultivateurs, ou bien si c'était pour ainsi dire un moyen de faire nourrir, par les habitants du pays, une partie des soldats ou employés romains en Afrique. En d'autres termes, ces distributions ou concessions étaient-elles quelque chose d'analogue aux majorats napoléoniens, ou bien était-ce une vraie colonisation *par le travail des concessionnaires?*

Les conquêtes de Napoléon me paraissent en effet avoir de très-grands rapports avec les conquêtes romaines, elles ont été surtout éducatrices à l'égard des peuples vaincus et non destructrices comme celles des Arabes ; nous avons gouverné et administré pendant quelques années presque toute l'Europe, mais sans déplacer des populations, sans nous attacher au sol vaincu qui nourrissait pourtant nos armées et les hauts patriciens de notre empire ; nous ne nous sommes ni substitués aux vaincus ni fondus avec eux ; aussi en a-t-il été de nous comme des Romains lorsque leur domination sur l'Afrique a cessé, leur race en a disparu, de même que la nôtre n'est plus qu'en France. Mais l'Europe marche dans la voie que la France lui a tracée, et de même Rome, malgré sa persécution contre l'église naissante d'Afrique, persécution impériale et patricienne mais non populaire, a été l'initiatrice de populations *idolâtres*, qui bientôt, avec le Coran, devaient accuser les chrétiens eux-mêmes de *polythéisme*.

Et ceci me présente encore la question sous un nouveau jour, je crois que l'Eglise d'Afrique, jusqu'à Saint Augustin, n'a pas compté parmi ses évêques, un grand nombre d'hommes d'origine romaine. Je sais bien qu'à sa naissance surtout, le christianisme fut la foi et l'espoir du faible, de l'opprimé, du vaincu, et qu'à ce titre ce devait être surtout parmi les indigènes d'Afrique qu'il se recrutait, et que ses persécuteurs au contraire devaient venir de Rome ; mais aussi qui voit-on figurer parmi ses persécuteurs? des *employés* et des *soldats* de Rome; pas de *cultivateurs* des campagnes, chez qui au contraire vont se réfugier les Cypriens, mais des bourgeois, *propriétaires citadins*, à mœurs romaines, qui veulent voir les chrétiens aux bêtes.

Tu dois voir maintenant, mon cher Saint-Cyr, quelle est ma pensée sur la question que je te fais; mais elle est basée sur des lectures si incomplètes et si éloignées de moi, que je ne puis la considérer comme solidement fondée. Or tu comprends toute l'importance que doit avoir cette vérification historique, quoique (et aussi parce que) l'exemple de Rome ne soit pas une raison pour nous conduire comme elle; mais j'ai ajouté *parce que*, et en effet il y a beaucoup de gens qui ne poussent et ne pousseront à une colonisation française par *la culture* et par l'exportation d'une masse *de familles* agricoles, de Suisse, d'Allemagne ou de France, avec encouragements et secours du gouvernement, que parce qu'ils sont convaincus que c'est ainsi que faisait Rome.

Je crois que les Romains ont gouverné, administré l'Afrique, qu'ils lui ont donné une culture intellectuelle fort grande, en forçant les vaincus à comprendre la langue des vainqueurs et en mettant sous leurs yeux les merveilles inconnues des arts; je crois qu'ils ont même *dirigé*, sur certains points, et particulièrement près des villes, des travaux agricoles, comme *propriétaires;* qu'ils en ont *exécuté* par eux-mêmes, mais par exception et sans former *familles*, de fort importants comme modèles, et ceux-ci par des *colons militaires;* mais je ne crois nullement qu'ils aient fondé en Afrique des établissements agricoles ressemblant plus ou moins à leurs propres villages d'Italie, c'est-à-dire composés de *familles de cultivateurs romains*, et que si par hasard ce fait a eu lieu, c'est seulement comme tentative infructueuse, semblable à nos malheureuses expériences de la Mitidja[1].

Et je le répète, ceci ne veut pas dire que nous devions et ne puissions pas faire ce que les Romains n'auraient pas fait, seulement cela nécessiterait de notre part l'emploi de moyens appartenant à nos mœurs, à notre civilisation, si différentes de celles des Romains, et surtout cela exigerait une foule de longues et sages combinaisons qui ont paru et paraissent encore inutiles à ceux qui ne regardent la colonisation agricole comme faite que parce qu'ils sont convaincus que les Romains l'ont faite très-facilement et tout naturellement, par la force des choses, comme on dit.

Adieu, je t'embrasse bien fort.

P. E.

1. Ces *malheureuses expériences* préoccupaient vivement Enfantin, et il donna plus tard un témoignage éclatant des tristes impressions qu'il avait éprouvées, à cet égard, à son arrivée en Afrique, en publiant un livre remarquable sur la colonisation de l'Algérie.

CCLXVIII^e LETTRE

AU GÉNÉRAL SAINT-CYR NUGUES

Constantine, 27 mars 1840.

Je reçois à l'instant ton petit billet du 3 mars, mon cher Saint-Cyr, ainsi qu'une lettre de Henry que je te fais passer. J'y joins un billet pour Duveyrier, qui m'annonce qu'il a un fils; je te prie de l'envoyer chez Aglaé avec sa lettre pour elle. J'apprends aussi qu'Arlès doit te voir en ce moment à Paris; je te recommande cet excellent ami, dont la santé m'inquiète un peu et qui lui-même a de douloureuses inquiétudes sur la santé de sa charmante fille.

Je voudrais que le changement de ministère ne fût nuisible qu'au succès de ma note, mais je n'ose l'espérer. Je trouve que la situation du pouvoir devient bien grave. Probablement il est encore nécessaire qu'une expérience vienne démontrer les inconvénients de l'omnipotence des députés. Un seul homme en France peut jouer un grand rôle pour nous aider à sortir de cette vie de tournois parlementaires[1] qui use autant les spectateurs que les combattants; mais il faut que cet homme se décide à prendre une position *politique* qu'il a semblé fuir jusqu'ici ; et qu'il abandonne, dans l'intérêt du pays, mais aussi dans le sien propre, et *surtout dans celui de son père,* le rôle secondaire de général et le protectorat plus dangereux qu'utile qu'il s'est attribué à l'égard de l'armée. C'est au duc d'Orléans qu'il appartient de sauver la France de la crise qui la menace, comme son père l'a sauvée de la crise de 1830. S'il ne s'empare pas bravement de cette tâche, une nouvelle révolution est imminente, il ne pourra rien *après*, il peut beaucoup *avant*. — Tout à toi.

P. E.

1. Le parlementarisme n'aboutissait qu'à des crises ministérielles toujours stériles en fait d'améliorations et toujours grosses de crises révolutionnaires. Enfantin en était profondément dégoûté, et il plaçait son espoir d'en être délivré dans le duc d'Orléans, dont l'attitude réservée, en dehors de l'armée, ne répondait guère pourtant à l'impatience du novateur. Qu'aurait dit Enfantin s'il lui avait été donné d'assister aux tournois parlementaires de nos jours, et de voir M. Thiers chargé de sauver la France des abîmes qui pourraient être rouverts devant elle par l'*omnipotence des députés ?*

CCLXIXe LETTRE

A ARLÈS (Extrait)

Constantine, 5 avril 1840.

Cher ami, je n'ai guère à vous dire aujourd'hui, en politique, si ce n'est que je redoute fort que M. Thiers ne nous fasse un de ces jours quelque grosse brioche dans les affaires étrangères, que M. Guizot enfournera à Londres, et que M. de Metternich ne voudra pas avaler. Vienne est toujours mon point de mire. Lamartine est piqué, vexé, mais il n'est pas encore clair, et j'ai peur qu'il ne reste trouble en s'attachant au fond du vase des 221, au lieu de se mettre en dehors de cette matière. M. Thiers a fait ce qu'il fallait faire en ne se plaçant ni à droite ni à gauche, en ce sens que c'était dire aux uns et aux autres : Vous n'avez pas le sens commun ; mais il faudrait qu'il eût lui-même le sens de l'avenir, pour que ce langage tenu aux deux côtés fut autre chose que de l'inconvenance ;

M. Thiers ne l'a pas encore, mais Lamartine ne l'a guère davantage. L'avenir, et l'avenir prochain, enterrera le parlementarisme. M. Jouffroy avait fait autrefois, dans le *Globe*, un bel article intitulé *Comment les dogmes finissent*, et M. Béchard a enlevé à Lamartine une belle parole que celui-ci n'a pu que répéter, en la retournant d'une manière puérile ; si le poëte est prophète, il faut qu'il commence à entonner le *requiescat in pace;* le meilleur moyen d'aider un dogme politique à mourir de sa belle mort, c'est de lui chanter qu'il se meurt, et de lui répéter tous les symptômes de sa chute. Que M. de Lamartine se hâte de considérer les hommes politiques actuels comme n'ayant pas d'autre but (volontaire ou non, raisonné ou instinctif) que l'enterrement du système qui a lui-même enterré le catholicisme et la royauté et qui a fait son temps. Le nombre des hommes qui regardent le parlementarisme comme épuisé est assez grand pour que la belle voix de Lamartine ne prêche pas dans le désert. Il faut oser dire ce que toute l'insolence de M. Gauguier ne fait pourtant voir que sous un voile, c'est-à-dire que la Chambre est un sépulcre plein de cadavres plus ou moins véreux, et ceci va être facile à démontrer[1], quand M. Thiers aura, comme il l'aura, plus de la moitié des 221 à sa suite.

P. E.

CCLXXe LETTRE

AU GÉNÉRAL SAINT-CYR NUGUES

Constantine, 6 avril 1840.

Mon cher Saint-Cyr, les journaux t'auront appris la grande victoire remportée par le scheick El-Arab, notre ami, sur le lieutenant d'Abd-el-Kader, près de Biscara; cette victoire a produit un grand effet ici, et en produira sans doute un semblable en France, en faveur de la province de Constantine. Elle prouve bien clairement que notre position ici n'est pas comparable à celle où nous sommes dans les provinces de l'ouest et que nous serons certainement en pleine sécurité ici quand il faudra encore se défendre aux portes d'Alger et d'Oran. La seule chose

1. Cette démonstration fut faite le 24 février 1848 et renouvelée avant et après le 2 décembre 1851. Le marasme politique n'est que le reflet du malaise social et de l'atonie morale du vieux monde.

qui m'ait paru fâcheuse en cette affaire, c'est qu'on ait cru devoir conserver ici la coutume arabe de la procession des oreilles coupées, liées en chapelet, promenées et exposées ensuite à la porte de la ville ; cependant, comme le combat est purement arabe et qu'aucun soldat français n'y était, j'espère que les bavards de la presse et de la tribune n'en feront pas un crime au général Galbois ; et d'ailleurs il est évident que, sur la population de Constantine et même sur l'armée, cette exposition n'a produit qu'un bon effet, et qu'on n'aurait même pas compris que le général, ayant reçu les oreilles, les ait gardées pour lui.

D'un autre côté, tu auras vu que le maréchal avait donné une prompte réponse à la nomination ministérielle de plusieurs commissaires *civils* dans la province d'Alger, et il est, en effet, difficile de concevoir comment pareille idée a pu se faire jour dans les bureaux, au moment où il n'y a pas ombre de colonie dans les lieux où l'on plaçait des commissaires civils. Le maréchal en déclarant, vu l'urgence, l'état de siége à Bouffarick, au Hamisc et même à Philippeville, a nettement annulé ces ridicules nominations. L'un de ces commissaires est M. N...

que tu as vu chez M. Pasquier; il était à Philippeville, et le général Galbois m'a dit s'en être débarrassé en donnant sur son administration des notes qu'il supposait assez claires pour qu'on ne lui confiât pas un semblable emploi; il paraît que les notes n'étaient pas parvenues au ministère.

Nos collègues arrivent probablement aujourd'hui. Rien n'est encore arrêté pour l'expédition supposée, et même les dernières lettres du maréchal ne parlent que de continuer à maintenir la tranquillité dans la province; malgré cela on compte sur le courrier prochain. D'ailleurs le scheick El-Arab, en annonçant au général sa victoire, lui demandait d'envoyer au devant de lui une petite colonne, lui promettant de faire avec elle de fort bonnes choses, sans doute contre quelques tribus encore insoumises, et le général la lui enverra de Sétif, où il a dirigé ces jours-ci deux escadrons et quelques compagnies, et où des approvisionnements se font depuis quelque temps.

La victoire du scheick El-Arab donne à penser (et son neveu qui a apporté la nouvelle me l'assurait) que l'on pourra, quand on voudra, aller visiter Biscara. Le général a grande envie de faire cette course, et ne veut même pas qu'aucun Français y aille avant lui ; malheureusement les affaires de l'ouest ne permettent pas de songer en ce moment à faire une pointe aussi longue (quatre à cinq bonnes journées au delà de Sétif), car j'aurais été avec grand plaisir de la partie, et je l'aimerais beaucoup plus que celle de Hamzac. Dans l'intérêt politique de la province, je préférerais encore celle de Sétif à Bougie, parce que je crois que nous aurons avantage à laisser encore longtemps, au midi, les Arabes faire leurs affaires entre eux, et qu'un contact trop rapproché avec nos soldats ne serait pas, en ce moment, un moyen de resserrer leur amitié pour nous, et qu'un mot cité du scheick El-Arab me paraît résumer notre politique : « Mettez à la raison les Kabyles, disait-il, je me charge des Arabes. » Il a trop bien commencé pour ne pas le laisser continuer.

A propos de Kabyles et d'Arabes, je dois ajouter ici quelques mots à la note par laquelle je te consultais sur l'occupation romaine.

Il y a en Algérie deux langues et deux races principales, et aussi deux zones de territoire distinctes, correspondantes à ces langues et à ces races : le désert pour les Arabes, les montagnes pour les Kabyles. Outre les déserts et les montagnes, il y a les grandes villes de la côte ou de l'intérieur, et de larges vallées qui ont dû, de tous temps, être les grandes routes de ces villes. Dans les villes sont ce que nous appelons les Maures et les Juifs ; dans plusieurs de ces vallées sont des tribus qui ne sont ni Arabes ni Kabyles, qui ont une langue ou des langues à elles, qui sont méprisées des Arabes et des Kabyles, et dont les traits sont bien moins caractérisés que ceux de ces deux races de nomades et de montagnards ; ainsi la tribu des Chaouia, qui a sa langue, dont les Plaractas, les Amer-Mourga font partie, et qui a des familles faisant tribus jusques vers les monts Auress. (Tu auras vu dans les *Débats* une lettre intéressante d'Urbain sur ces diverses classes de la population de la province). Malheureusement, les philologues ne se sont pas encore beaucoup occupés des langues des tribus semblables aux Chaouia, et qui ne parlent ni l'arabe ni le kabyle, et il semble cependant que c'est dans cette partie de la population qu'on aurait le plus de chances de trouver les traces des deux occupations romaine et vandale, qui n'ont pas eu prise sur les Kabyles proprement dits, et qui étaient antérieures à l'invasion arabe. Il paraît probable, par les lieux occupés par ces tribus, par leurs habitudes de soumission, par le mépris que les Arabes et les Kabyles ont pour elles, et même par les traits de leur figure, qu'il y a là des vaincus, peut-être modifiés par du sang des vainqueurs, et leur langue bien étudiée confirmerait sans doute cette idée. Les tribus blondes du mont Auress, dont parlent les voyageurs, quoique fort intéressantes, puisqu'elles conservent même une tradition d'origine européenne, le sont pourtant moins que les Chaouia, plus nombreux, qui occupent le centre de la province, entre les Arabes et les Kabyles, et non loin de la capitale romaine.

Et pour en revenir au sujet de ma note précédente, il n'y a absolument que parmi les tribus de ce genre qu'on pourrait retrouver des traces humaines correspondantes aux traces de pierres que les Romains ont laissées en Afrique; ni les Kabyles ni les Arabes n'ont de sang européen dans les veines, ou du moins il n'y a que ce que le libertinage y a mis, et c'est certainement fort peu de chose. Mais, même dans ces tribus, mélange de races diverses, il me semble impossible de voir une preuve de l'installation agricole, *purement romaine,* dont je doute si fort. Je vois, au contraire, que les Romains ont pu soumettre à leur joug une partie de la population numide, et principalement celle des plaines, qu'ils l'ont modifiée par un contact fréquent, mais contact de vainqueur à vaincu, de maître à esclave ; si donc l'occupation agricole romaine a eu lieu, il faudrait en conclure qu'elle a été entièrement exterminée, la première fois par les Vandales, et une seconde fois par les Arabes; si, après Bélisaire, il y a eu une seconde *colonie agricole* européenne. Quant à cette seconde époque de gouvernement impérial, l'empire d'Orient était alors dans un tel état que je ne pense pas que personne puisse croire que la *restauration* de Bélisaire ait pu donner lieu à colonisation agricole. C'est donc seulement pour l'époque qui a précédé l'invasion vandale, c'est jusqu'à la mort de Saint Augustin que la question est intéressante à retrouver dans les auteurs anciens. Je dirais même que ce qui est surtout intéressant pour nous, aujourd'hui, c'est ce qu'ont fait les Romains *dans le premier demi-siècle* de leur occupation d'Afrique, et c'est pour ce premier demi-siècle qu'on devrait, ce me semble, donner un merle blanc à celui qui prouverait que les entreprises agricoles des Romains, par des familles romaines, étaient de quelque importance, puisque je crois que, s'il y en a eu, elles n'ont été que des essais semblables à nos malheureuses folies de la Mitidja. Au reste, c'est peut-être moi qui mérite un merle blanc pour ne pas croire à l'A B C de notre enseignement de l'histoire d'Afrique. Ne nous a-t-on pas dit que les Romains nommaient l'Afrique une *seconde Italie*, que leurs *colonies* étaient le grenier de Rome; enfin tous les hommes qui nous parlent d'amener ici des familles de colons français, suisses, allemands, ne sont-ils pas convaincus que les villages d'Italie emportaient leurs pénates pour venir peupler la Mauritanie?

Mais il y a pourtant une chose que je crois avoir lue et qui me paraît très-probable. Rome a eu beaucoup de brouillons politiques, aux temps voisins de la venue du christianisme; bien des conspirateurs, bien des prolétaires surtout, l'ont remuée dangereusement, alors qu'elle tremblait déjà sur tous ses fondements, et, comme à notre époque, l'ordre moral troublé enfantait plus de crimes qu'aux beaux temps de la république et de l'empire; les prisons regorgeaient souvent. Hors de son sein, quelques peuples soumis commençaient à secouer leurs chaînes, et, pour les resserrer, Rome était obligée à des bannissements nombreux; enfin, à ces moments où les destinées des peuples changent, beaucoup d'esprits aventureux ou dégoûtés cherchaient le déplacement, pour ainsi dire, uniquement pour changer. Mais alors, comme de nos jours, presque tous ces conspirateurs, ces criminels, ces bannis, ces aventuriers étaient *soldats*, sans avoir pour cela besoin de figurer sur les contrôles des légions impériales; et on les envoyait, ou bien ils venaient, chercher fortune en Afrique, *seuls*, sans *famille*, comme sont encore aujourd'hui généralement nos conspirateurs, nos criminels et nos aventuriers. A ceux-là les proconsuls distribuaient des terres, j'en suis convaincu; ceux-là travaillaient, et faisaient travailler la partie soumise de la population numide dans les villes et surtout les plaines; ceux-là surtout travaillaient aux carrières, aux routes, aux constructions; ceux-là, enfin, *prolétaires*, faisaient des enfants avec les filles indigènes. Voici je crois la véritable base de la *colonie* romaine, surtout à son principe.

Et voilà pourquoi j'étudiais avec tant d'intérêt

à Alger les condamnés militaires, qui ont seuls fait ou aidé l'armée à faire les travaux vraiment utiles accomplis depuis notre occupation. Voilà pourquoi je songeais et je songe encore aux moyens de faire ressortir cette idée, afin qu'on puisse lui donner un développement qui me paraît facile, et qui viendrait au secours des rêves impuissants de tous nos philanthropes, faiseurs de *pénitentiaires*, c'est-à-dire de prisons où, même en introduisant le travail, on ne fera qu'augmenter la tendance, déjà trop exclusive en France, de l'industrie manufacturière aux dépens de l'industrie agricole. Voilà pourquoi je songeais que moi-même je devais ainsi payer ma dette à la France, pour le jugement qu'elle a prononcé contre moi, en lui montrant quelles sont les forces auxquelles elle doit donner emploi hors de son sein, si elle veut accomplir pacifiquement, progressivement la grande évolution dont elle est grosse, et qui a eu jusqu'à présent des crises souvent effrayantes dont le retour semble menaçant.

Mais songer à envoyer ici des *familles agricoles*, naturellement amies de la sécurité, du foyer domestique, de la possession individuelle bien limitée, désireuses de conserver leur *foi* et leurs *mœurs* (car des *familles d'agriculteurs* qui ne sont pas ainsi en France sont de pauvres agriculteurs), c'est folie. La France ne peut envoyer ici utilement que des hommes qu'elle a *condamnés* ou qui la condamnent, des hommes qui ne se sont pas soumis à sa loi, ou qui voudraient lui en imposer une dont elle ne veut pas, des criminels ou des factieux. Et pour cela elle doit s'imposer de grands sacrifices, car il s'agit pour elle d'un double intérêt, au présent et pour l'avenir.

En t'accablant d'aussi longues lettres, mon cher Saint-Cyr, je crains quelquefois d'abuser du désir que tu m'as témoigné d'avoir souvent de mes nouvelles ; mais je sais tout ce que tu as déjà fait pour convaincre bien des personnes qui me croyaient dangereux ou pervers que je pouvais être utile et que j'avais ton affection ; je voudrais pouvoir te fournir de nouvelles armes pour ces combats que tu as bien voulu soutenir pour moi, et si parmi elles tu en trouves beaucoup d'inutiles, tu excuseras mon abondante précipitation.

J'ai diné hier chez le général, qui me fait toujours un très-bon accueil. Il est dans un grand contentement de l'affaire du cheick, et, comme à l'ordinaire, il est très-préoccupé de la manière dont on appréciera à Paris ce grave événement. Je crois, en effet, que le maréchal et son gendre ne le présenteront pas comme aussi important que le juge le général Galbois, et tel qu'il est en effet. C'est un peu le faible du général de pousser jusqu'à l'excès le désir qu'il a de faire bien parler de lui et de ses œuvres, et c'est bien le secret de l'accueil qu'il fait à la Commission; mais ce faible-là tourne à l'avantage de tous, puisque celui qui l'a n'en doit faire que plus d'efforts pour bien faire. Comme je crois te l'avoir déjà écrit, il me paraît que le général était parfaitement l'homme qui convient pour faire ce qui a été fait, et qui conviendra tant qu'on n'aura pas définitivement arrêté un plan qui exigera un coup-d'œil prompt, une volonté nette, des mesures d'ensemble bien coordonnées, une grande activité et plus de jeunesse qu'il n'en a.

Je reçois aujourd'hui du colonel Marengo encore quelques renseignements que je lui avais demandés sur ses condamnés. Avec ceux que j'ai déjà, j'aurais une assez bonne base de travail sur ce fait particulier : les condamnés d'Alger; mais pensant que je peux et dois rattacher cela à quelque chose de plus général, et même de tout à fait général à l'égard de la colonie, j'ai bien des choses à voir et à étudier encore, avant de mettre en œuvre ces matériaux. Si tu peux me dire quelques mots sur la position du colonel au ministère, tu m'obligeras.

Ce n'est qu'après avoir cacheté ma dernière lettre que j'ai appris que M. Boujade était au cabinet du ministre; c'est une rude besogne dont je le félicite, parce qu'elle est en bonnes mains.

L'un de nos collègues vient d'arriver, les autres sont encore à Philippeville, et ne viendront que par le prochain convoi. Nous n'avons pas encore reçu d'Alger notre feuille d'émargement, qui devra retourner à Alger quand nous l'aurons signée, et qui reviendra ensuite pour que nous soyons payés, un mois après tout le monde; et ceci comme conséquence de ce qu'on nous a mis sous la lourde patte de l'intendance civile.

J'ai vu aujourd'hui sur la table du général un plan assez détaillé de la route de Sétif à Philippeville, dressé par un officier d'état-major sur renseignements pris auprès des Arabes. Cela m'a naturellement amené à causer avec le général de cette belle entreprise, complémentaire de notre occupation de la province ; il la sent bien, mais il doute fort qu'on la lui fasse faire. J'ai demandé à prendre copie de cette carte et d'une autre de la province entière, rectifiant sur plusieurs points celle du ministère, et donnant surtout beaucoup plus d'indications de tribus. L'officier qui a fait ces cartes se nomme Saint-Sauveur, et c'est lui qui vient d'être nommé kaïd d'une tribu. C'est le premier officier français investi de cette fonction, et si tu as lu un article d'Urbain, dans les *Débats*, sur cette innovation, je crois que tu auras approuvé ce qu'il dit de cette mesure.

(5 avril). Je joins à ma très-longue lettre l'extrait d'une lettre que j'écris à M. Guyon, celui de mes collègues avec lequel je me suis le plus lié à Alger. Si notre colonel était un autre homme, j'aurais espoir que l'idée dont il est question dans cette lettre pourrait avoir une utile application ; car il est bien clair que, puisque l'Algérie est possession française, il faut songer à y installer, à y organiser le travail *scientifique*, comme il sera indispensable d'organiser, de régulariser le travail *agricole*. Or la branche *scientifique* devrait revenir à notre commission,

mais malheureusement le colonel, et beaucoup de nos collègues, entendent notre affaire comme on pouvait comprendre celle de Grèce, c'est-à-dire quelques années de collections, d'observations, ensuite un gros livre et des appointements pendant que tout cela durera. Il me paraît au contraire qu'avant tout nous devons nous proposer un but pratique pour l'avenir très-prochain de notre colonie, c'est-à-dire de contribuer par nous-mêmes, et par toutes les ressources scientifiques que renferme le pays, à faire connaître le mieux possible l'Algérie, et à poser les bases du travail scientifique qui devra se continuer sans cesse et se développer avec le développement même de la colonie.

Le duc d'Orléans a beaucoup poussé les lieutenants et sous-lieutenants à faire des travaux intellectuels en dehors du service militaire; je crois qu'il y aura plus de résultats intellectuels à attendre d'encouragements semblables donnés aux aides-majors et pharmaciens. En suivant cette voie je suis sûr qu'après un travail de dix années, il n'y aurait pour ainsi dire pas une plante, un insecte, une roche de ce pays qui ne fussent décrits et recueillis au Muséum de Paris. Je suis même presque certain qu'une grande partie de ce travail est faite par les hommes dont je parle, mais ils les gardent pour eux, si même ils ne les cachent pas, de peur qu'on ne leur enlève le fruit de leur labeur; et nous rencontrons nous-mêmes très-souvent cette disposition chez beaucoup d'individus que nous savons avoir travaillé, et qui sont avec nous sur la défensive, comme si nous venions les dépouiller. Je t'ai envoyé la copie de ma lettre à M. Guyon, parce que peut-être jugeras-tu convenable de la communiquer à M. Vallet de Chevigny, qui pourrait dire s'il croit qu'il y aurait espoir d'arriver à quelque chose auprès de l'administration en suivant cette idée. — J'ai parlé dans cette lettre du génie et de l'artillerie : c'est qu'en effet il y avait ici, par exemple, un monument considérable à un emplacement où l'on construit en ce moment un hôpital. M. Carette est bien venu à temps pour recueillir encore quelques inscriptions qui étaient en place et d'autres sur des pierres déjà au chantier des tailleurs, mais avant lui plusieurs avaient déjà été repiquées et placées dans les nouvelles bâtisses. Et en outre (et ceci est vraiment inconcevable), le génie n'avait pas même levé un plan des fondations, qu'il a pourtant partout fouillées, ni pris des élévations ou vues et coupes des portions qui étaient hors de terre et qu'il a démolies; si bien que c'en est complétement fini du temple romain, et qu'il n'y aura pas la moindre trace de sa forme. A Philippeville, le capitaine Brimard, qui commande le génie, professe un peu plus de respect pour l'antique; mais il nous a dit qu'il lui était impossible d'empêcher beaucoup de choses nuisibles ou d'en faire d'intéressantes pour les recherches des archéologues, parce que tout le monde ne pensait pas comme lui, sous ce rapport, et qu'il n'y avait pas d'ordre formel ni même d'invitation des supérieurs.

J'ajoute à cette copie un extrait d'une lettre de Lambert. Je crois, comme lui, qu'il serait bon d'écrire à Artyn-Bey en particulier, et comme M. Jomard lui écrit de temps à autre (j'ai vu de ses lettres chez Artyn), je pense qu'il y songera et que c'est même peut-être fait, au moins comme préparation. Quant au désir que Cochelet me fait témoigner d'avoir directement de mes nouvelles, je crois que je n'aurais à lui écrire, même comme renouement de notre ancienne amitié, que dans le cas où tu m'écrirais que cela peut être bon, et que tu me dirais dans quel sens on lui aurait écrit et comment moi-même je devrais écrire.

Le courrier ne m'apporte rien de toi aujourd'hui, ni d'Arlès; je sais seulement par Aglaé que toi et lui êtes en assez bonne santé.

Adieu, mon cher Saint-Cyr; je t'embrasse de tout mon cœur.

P. E.

CCLXXI^e LETTRE

A ARLÈS

Constantine, 27 avril 1840.

Mon cher Arlès, je suis privé de vos nouvelles depuis bien longtemps, quoiqu'Holstein m'écrive le premier que vous avez dû me raconter vos bonnes visites à Paris. Je crains qu'il y ait une lettre de perdue, et je vous en préviens afin que vous me donniez un duplicata.

Nous sommes arrivés avant-hier soir de notre course de 90 lieues, en douze jours, dont deux de séjour, ce qui fait 9 lieues par jour, avec un officier tué, 2 blessés, une douzaine de soldats tués et un peu plus de blessés. Nous avons pris 50 à 60,000 moutons, quelques milliers de bœufs, quelques centaines de chameaux, autant d'ânes et mulets, des tentes, etc.; mais presque tout cela a été enlevé par nos tribus auxiliaires, ce qui fait que, pécuniairement parlant, le Gouvernement n'y fait pas, à beaucoup près, ses frais. J'ai eu l'avantage de voir des têtes coupées ou des corps sans tête, de voir des blessés, d'entendre le canon et le sifflement des balles, et comme je l'écris à Aglaé, ce serait suffisant pour m'empêcher, si d'ailleurs j'en avais envie, de me reprendre à aimer le monde *tel qu'il est* et de ne plus songer à le changer. Je me suis trouvé en superbe position pour tout voir et j'ai eu deux heures très-solennelles, le jour même (*lundi de Pâques*) de la mort de ma mère et de mon procès en Cour d'assises, de 1833. Je suis resté tout seul pendant ces deux heures, à une lieue de tout Français, sur un monticule d'où j'apercevais tout, combat et pillage, assis sur une ruine romaine, la bride de mon mulet en main, et repassant plus de choses dans ma tête pendant ces deux heures qu'il n'y en entre habituellement en deux années. Voilà donc ce que l'on appelle encore, en 1840, porter la civilisation dans un pays ! C'est horriblement bête, mais enfin c'est un fait, les hommes, en 1840, en sont encore là. Quel temps ou quel miracle faudra-t-il pour les en tirer? Dieu le sait, et je confesse en toute humilité que je l'ignore. Mais poussons ferme à la roue, car le char est bien embourbé dans le sang et la fange.

Les journaux vous donneront les détails, je n'en ai pas le temps, j'ai beaucoup à écrire et il me faut d'ailleurs faire les préparatifs d'une autre course vers l'ouest pour la semaine prochaine. Celle-ci sera plus lente et se bornera probablement à une promenade d'observation pendant la durée de la campagne du maréchal. Nous verrons quelques villes, tandis que nous n'avons pas trouvé trace d'habitation fixe sur un espace de 40 lieues de terres, qui sont pourtant en grande partie labourées et semées.

Urbain nous a quitté à 20 lieues d'ici, appelé par le prince à Alger, où il apprendra qu'il est nommé interprète de première classe. Il a été généralement très-regretté à l'état-mojor et par plusieurs officiers, parce qu'on fait très-bien la différence entre lui et les autres interprètes, et je crois même qu'il a particulièrement manqué au général qui, s'il avait été là, aurait sans doute modifié plusieurs de ses mesures.

Nos collègues de Philippeville sont arrivés et nous serons huit à l'expédition prochaine. Le maréchal tient la Commission en prison à Alger et ne lui permet pas même d'aller visiter Cherchell, ce qui nous fait croire que Bory va venir nous retrouver, ce dont nous nous passerions fort. Ce farceur-là n'a pas manqué mon crapaud; il m'a fait figurer comme l'ayant découvert dans son rapport trimestriel à l'Institut ; c'est gentil ; mais il ne portera pas toutes ses farces en paradis, et quand nous nous y trouverons, je lui ferai avaler mon crapaud et balayer ma maison d'Alger pour son purgatoire. En attendant, il est la risée d'Alger, et il a des acolytes qui le rendent plus ridicule encore, parce qu'ils ont eu la bêtise de se faire faire un uniforme prétentieux qui fait rire les militaires. Notre habit bourgeois a très-bien figuré ici et nous n'avons reçu que des politesses et attentions obligeantes pendant toute notre expédition militaire.

Je suis entièrement dérouté sur la politique ; j'attends les journaux avec impatience et vos lettres avec plus d'impatience encore. La session doit avancer, et il doit tarder à Thiers d'en être débarrassé.

Demain, grande *fantaisie* pour la réception du cheick-El-Arab, à qui le général veut faire honneur pour la victoire qu'Urbain vous a racontée dans les *Débats*.

Adieu pour aujourd'hui, ma plume est lasse de parler des mêmes choses, et j'ai besoin, après être resté douze jours en plein air, de ne pas abuser de la chambre.

30 avril. — Je pense qus vous verrez le Prince à son retour, en passant à Lyon, et quoique j'ignore ce qu'il vous a dit et ce qu'il peut dire en ce moment à Urbain, comme il nous faut prendre nos mesures d'avance, vu la distance, je voudrais vous en dire quelques mots. Ou nous abandonnerons prochainement l'Algérie, ou elle devra être très-prochainement un des points tout à fait capitaux de notre vraie politique, c'est-à-dire l'occupation d'hommes vraiment capables et habiles en fait d'organisation, de gouvernement, d'administration. D'un autre côté, je vous ai dit et je maintiens que le prince doit, dès aujourd'hui, s'entourer en France des hommes d'avenir. Il a donc deux espèces de personnel à soigner, l'un

à Paris, l'autre en Algérie. J'ai assez causé avec vous de celui de France, parlons de celui d'Afrique.

Quand le général Duvivier, le colonel Lamoricière, notre Bigot, le colonel Marrey et plusieurs autres officiers du génie et de l'artillerie ont quitté ces deux armes distinguées pour entrer dans les zouaves et spahis, la masse de leurs camarades s'est étonnée, et ceux-ci ne sont encore que capitaines quand les autres sont généraux et colonels; de même, les bataillons d'Afrique (les zéphirs) et les chasseurs d'Afrique, ont attiré à eux les seuls hommes qui avaient une ambition intelligente, et qui avaient d'ailleurs plutôt attrait que répugnance à l'égard de l'Afrique. Voici bientôt dix ans que ces épreuves sont faites; ainsi, sauf des exceptions rares, il serait difficile et même absurde, de chercher ailleurs les hommes qui ont réellement dans leurs mains l'avenir prochain de notre colonie; c'est dans ces corps que l'on doit les trouver; l'état-major est ici. D'un autre côté, il faut des hommes encore jeunes pour pareille œuvre, et nos habitudes de France pour l'avancement ne nous donnent des lieutenants-généraux qu'à soixante ans, des maréchaux de camp à cinquante-cinq et des colonels à cinquante ; c'est ridicule d'envoyer tous ces vieillards en Afrique. Il est donc nécessaire d'appeler pour les hommes qui se vouent et voudront se vouer au gouvernement de l'Afrique, une mesure exceptionnelle d'avancement, comme il est indispensable de modifier, pour tout ce qui se fait ici, nos règles administratives, judiciaires et morales mêmes. Et, par exemple, la distinction en militaire et civil, si tranchée en France, est absurde ici, car l'Algérie est pour longtemps encore en état de siége, et son peuple est un peuple *vaincu*. Notre occupation est une occupation *armée*, notre gouvernement et même nos colons doivent y être armés. En d'autres termes, les Français d'Afrique sont *en fait* et doivent être *en droit* dans une situation toute différente de nos Français de France, et il ne convient pas plus de conserver pour nous ici les règlements de France, qu'il ne conviendrait de donner aux Arabes une charte, la liberté de la presse et des élections. Il faut, en un mot, attirer en Afrique tous les Français et rien que les Français qui ont affinité pour elle ; or, ce sont précisément ceux qui supportent le plus difficilement en France nos règles administratives et jusqu'à nos règles morales. (Songez que Lamoricière, Bigot,

Raffet sortaient de la rue Monsigny, que Cavaignac frisait la république de son frère, et enfin, que presque tous les bons serviteurs d'Afrique ne sont pas des amants du *parlementaire*), — et pourtant, il est bien clair aussi qu'il ne faut pas que les Français d'Afrique et ceux de France forment deux peuples, et que l'avenir des premiers ne comporte pas la possibilité du retour à la patrie. Voici donc ce que je crois possible et proposable :

Pouvoir civil et militaire dans les mêmes mains, sous des titres appropriés au pays, tels que ceux de gouverneur de province, commandeur de cercle (ou khalifats, chef de tribus (ou kaïdats), rétribution de ces autorités sur les revenus des tribus, cercles ou provinces; admission à ces fonctions de civils ou de militaires, avec costume particulier; assimilation des grades de cette hiérarchie africaine, pour les officiers surtout de l'armée, avec la hiérarchie française, sous certaines conditions de durée d'exercice en Afrique pour jouir de cette assimilation en France. La même assimilation *seulement honorifique* pour les pékins qui embrasseraient cette carrière. Deux classes de kaïdats (capitaine et chef de bataillon); deux classes de khalifats (lieutenant-colonel et colonel); deux classes de gouverneurs (gouverneur de province et gouverneur général, c'est-à-dire maréchal de camp et lieutenant-général), embrasseraient toute la hiérarchie administrative et militaire depuis le sommet jusqu'à la base; et chacun de ces chefs aurait des aides (ou aides de camp) pris dans les grades inférieurs à lui, de telle sorte que les aides des kaïdats seraient des lieutenants et sous-lieutenants : lieutenant pour celui de première classe, sous-lieutenant pour celui de deuxième.

Il faudrait donc organiser un cadre administratif d'Algérie qui fût, à proprement parler, un des corps spéciaux de l'armée, comme l'artillerie, et qui ait même sa troupe; car chaque kaïdat ou khalifat a besoin de ses spahis et fantassins particuliers pour la police, la perception des impôts, la défense, et même pour la représentation. Or, c'est tout ce personnel qu'il faut commencer par faire payer *uniquement avec les revenus du pays*, afin que progressivement nous avancions vers l'époque où l'Algérie se suffira à elle-même.

J'ai vu ici le commandant Herbillon, du cercle de Guelma, le commandant Molière, du bataillon des Turcs, plusieurs officiers de spahis, M. de

Saint-Sauveur, capitaine d'état-major, qui vient d'être nommé kaïd des Edrid (c'est le premier essai de ce genre et c'est cet essai qu'il faut généraliser et régulariser), qui seraient d'excellents commençants d'une pareille œuvre, mais qui ne s'y livrent qu'en tremblant, parce que telles que sont les choses aujourd'hui, leurs travaux dans cette direction ne sont d'aucune utilité et nuisent même souvent à leur avancement dans les corps auxquels ils appartiennent et dont ils sont *détachés,* et où leurs chefs les oublient, ce qui est naturel, puisqu'ils n'y font plus de service. M. de Saint-Sauveur vient d'ouvrir la marche à ses risques et périls, et c'est ce genre de dévouement qu'il faut encourager au point de le changer même en un but d'ambition. Jusque-là, aucun officier n'apprendra l'arabe, n'étudiera les mœurs du pays, ne se fera aimer des indigènes et ne pourra même nous éclairer sur les vrais moyens d'amener notre occupation à son état pacifique et agricole.

J'ai déjà causé beaucoup avec Urbain et je lui écris sur ce sujet, afin qu'il profite des occasions d'en parler au Prince, et je pense que vous feriez bien de lui rappeler cet objet, qui va être fort important en France au moment où il faut enfin s'occuper d'organiser un système algérien.

Le point important, je crois, serait de se poser la question ainsi :

Tout l'état-major de l'organisation à faire doit être en ce moment, sauf de très-rares exceptions, en Algérie. Quels sont, depuis dix ans d'occupation, les hommes qui ont montré le plus de zèle et d'habileté dans ce pays; quels sont ceux qui ont montré le plus qu'ils comprenaient et aimaient la population et le sol ? et enfin, comment former un corps de tous ces hommes, un corps nouveau, ayant ses règles propres, qui soit une récompense pour ces individus distingués, et dont les avantages excitent naturellement les hommes de nature semblable à se diriger vers lui pour son recrutement? — Ainsi posée, la question me paraît facile à résoudre.

Que si, au contraire, on se figure qu'on a en France des merveilles de réserve, ayant la science algérienne infuse et propres à administrer ce pays, on fera encore une fois toutes les bêtises d'Alger.

Essayons cela dans la province de Constantine, qui est vierge encore, où rien ne s'oppose à une pareille organisation, et je suis convaincu qu'on en éprouvera de bons résultats. Faisons-le même à Alger, si nous avons la sagesse de nous restreindre cette année au massif et si nous avons le courage de liquider notre gâchis de *propriété;* c'est le seul moyen de couper court à la vilaine route où nous sommes engagés.

Pour prévoir encore une chose à distance, je vous dirai que la plupart de mes collègues comptent aller en France pendant les grandes chaleurs, soit pour y consulter des livres et des hommes, soit pour y écrire à tête reposée, soit pour se reposer tout simplement au frais et à l'ombre. Que ferai-je à cette époque? Je n'en sais rien, mais il me semble que j'aurai moi-même, ou à me recuillir à Alger ou à revoir la France, ou même à faire un voyage je ne sais où. C'est-à-dire que j'éprouve certainement le besoin de *varier mes plaisirs.* Parmi les choses possibles, il en est une, comme vous savez, qui ne viendra peut-être pas cette année, mais qui viendra certainement, quoique mon voyage à Constantine, pendant que le Prince était à Alger, ait prouvé qu'il n'était pas temps encore; cet événement sera celui qui me mettra en rapport direct et personnel avec le Prince. Il ne faut pas brusquer le temps, mais il faut l'aider à venir, et surtout bien comprendre quand il appelle ; en d'autres termes, il faut que nous soyons deux à en avoir envie, et l'envie ne sera pour moi un besoin que si elle est déjà plus qu'une envie pour le Prince. Vous me direz où nous en sommes, selon vous, sous ce rapport, dès que vous pourrez y voir quelque chose.

Tous mes collègues pensent que leur mission durera trois ans ici, plus deux ans pour la rédaction en France ; vous sentez que je ne saurais avoir la même opinion qu'eux sur ce qui me concerne. Je crois que cette année me suffira pour apprendre ici ce que j'ai à y apprendre comme *observateur;* y serai-je autre chose qu'observateur, je ne le crois pas. A la manière dont j'aurai *observé* l'Afrique, manière que le Prince connaît déjà et connaîtra mieux encore, il est possible qu'il désire que *j'observe* autre chose, soit en France, soit ailleurs : Vienne ou Constantinople ne sont pas en dehors de ma pensée, malgré la route que j'ai prise vers Alger. — Enfin, mon rôle d'observateur, ma mission scientifique, théorique, doivent-ils changer et devenir rôle d'*acteur*, œuvre *pratique ?* Il me semble qu'il faudra bien en venir là avant que j'aie la cinquantaine. Sous ce dernier rapport, que pensez-vous d'une mission active et pratique dans ce pays-ci ? et pour cela ne croyez-vous pas encore qu'il me faudrait voir de près le Prince et quelques hommes politiques de France, y compris M. Thiers ? En d'autres termes, n'en suis-je pas au moment où après avoir été ramené sur le seuil du monde par Saint-Cyr, et pour ainsi dire sous le manteau du duc d'Orléans, celui-ci pourra me présenter dans son salon sans déplaire à ses amis ? ma métaphore n'est pas très-claire, mais je veux dire que le Prince, qui a osé commencer ma réhabilitation, l'achèvera ou du moins la continuera, j'espère, et que le premier acte ne me paraît pas devoir durer plus d'une année. Le second est encore très-difficile, mais il a osé le premier, grâce à Saint-Cyr : je crois qu'il osera le second, grâce à vous — entendez-vous ? — Je crois que si le Prince veut que je conserve ma mission de l'année prochaine (alors toute confidentielle) comme ayant pour but unique de lui faire un rapport sur les germes du personnel gouvernemental qui est en Afrique, et sur les moyens de faire pousser ces germes hors de terre où ils sont enfouis aujourd'hui, de manière à ce qu'ils soient bientôt effectivement visibles à tous les yeux ; en un mot s'il veut que je sois pour l'Algérie la *lanterne* dont il vous parlait à Lyon pour chercher des hommes, je me mettrai avec zèle à cette œuvre, et je crois qu'après cette première année de séjour préparatoire, je serai en état de l'accomplir.

(3 mai.)— Je reçois votre lettre de Londres, et je crois que vous ne m'y transmettez tant de bonnes choses que pour m'empêcher en effet de vous gronder pour votre silence au dernier courrier. — Vous verrez par la fin d'une lettre incluse pour Corrèze (qu'Holstein lui fera passer) l'esprit dans lequel j'écrivais déjà ces jours-ci à Lambert et Bruneau, l'esprit dans lequel je suis depuis notre razzia. et que votre lettre ne fait que confirmer. J'ajoutais à Lambert que notre premier apostolat était pris par en bas, qu'il fallait prendre le second par en haut; que le jour même où Bruneau disait : l'apostolat est fini, j'écrivais ma lettre à Heine, qui est dictée par l'esprit du second apostolat. Et, en effet, vous savez depuis lors ma pensée, mes actes, ma vie.

Je crois que vous attendiez trop du duc d'Orléans, d'après le jugement que vous en portez, et d'après ce que vous me dites de l'hérédité à propos de l'Angleterre. Il s'agit en effet pour lui de faire une chose prodigieusement difficile, mais qui n'exige pourtant pas des dimensions hors nature, par la raison qu'il s'agit, comme il le sent fort bien, de se *laisser faire ;* la question est de savoir par qui il faut se laisser faire. Je suis certain, quoi qu'il en pense, que ce n'est pas par 34 millions de faiseurs qu'il se laissera faire. Il a trop de sens et de cœur pour cela. Certainement, comme on dit, les événements l'entraîneront, et il en a parfaitement conscience ; mais vous savez ce que veut dire ce mot : *les événements :* cela veut dire, en langue juive de ma lettre à Heine, Israël, le peuple de Dieu, les prophètes, car ce sont toujours eux, et surtout dans les époques semblables à la nôtre, qui ont été les grands entraîneurs. Le Prince est de la taille des grands entraînés, ce qui est aussi beau, mais d'une autre nature ; il a du cœur, de la bonté, de la tendresse, je crois, à un degré très-élevé. Il lui manque des mollets, du jarret, des bras, de la force, mais il n'en a pas besoin pour son œuvre. Je ne saurais trop vous recommander *actuellement* une extrême prudence. Holstein doit vous faire maintenant des extraits mitigés, des copies partielles, mais pas d'originaux, je vous prie, et surtout jamais de manière à en laisser prendre copie.

Adieu, je vous embrasse.

P. E.

CCLXXII[e] LETTRE

A ARLÈS

Constantine, 4 mai 1840.

Mon cher Arlès, j'avais fermé ma lettre, mais j'y ajoute cette enveloppe, parce qu'il me semble, d'après ce que vous m'avez dit, que je me suis mal exprimé ou que vous m'avez mal compris dans ce que je vous ai écrit de la position de Lamartine. Il ne s'agit pas d'abandonner le champ de bataille (fort bien nommé ainsi) et les soldats dont on commence à gagner la confiance; ni surtout de les quitter en dégoûté, et pour ainsi dire en peureux; je ne conseillerais cela à personne, sauf peut-être à un Talleyrand, s'il fallait du Talleyrand aujourd'hui; mais je ne crois surtout pas avoir eu cette idée pour Lamartine. Voici, ce me semble, sous une nouvelle forme, ce que je voulais dire :

Liberté, ordre public, devise du temps actuel, est une belle formule; mais comme personne n'est d'accord sur la valeur de ces mots et que les partisans de l'un font peur à ceux de l'autre, il en résulte que les hommes, dits de la liberté, quand ils sont au pouvoir, *sont obligés* de faire ce qu'on nomme encore de l'ordre, et qu'au contraire, ceux de l'ordre sont les seuls *qui peuvent* faire de la liberté. Voyez l'Angleterre depuis un siècle et la France maintenant.

Par conséquent les 221 ont un avenir auquel ils ne s'attendent pas, mais que leurs chefs de file devraient prévoir, préparer et hâter. Ce sont eux qui feront non pas ce que M. Barrot et M. Arago feraient, mais ce que plusieurs les croient, fort mal à propos, capables de faire. Ce sont eux, en un mot, qui amélioreront *réellement* le sort du peuple. (Je dis les 221 pour tout le parti que ce nombre représente.)

Périer, le libéral de la Restauration; M. Thiers, le rédacteur du *National*, ont mis des baïonnettes au bout de leurs doigts quand ils ont été au pouvoir. Messieurs les 221 peuvent être certains qu'un moment viendra où ils feront plus que ne peuvent même rêver aujourd'hui nos politiques sans-culottes.

Pour cela il n'y a qu'à attendre un peu; les coalitionnistes qui penchent gracieusement la tête à gauche, ne tarderont pas à voir des *Lons-le-Saunier* qui la leur feront redresser.

Alors donc il faudra être en mesure d'aborder rondement les véritables intérêts populaires, que les radicaux méconnaissent complètement et que les 221 ignorent.

Lamartine, malgré son vif amour de la gloire, n'a pas encore, faute d'exercice, la fibre *populaire* aussi vigoureuse que sa noble fibre *royale;* ces deux éléments de la vie des prophètes-géants, peuple et roi à la fois, ne sont pas encore assez égaux en valeur pour être religieusement unis en lui; en un mot, il n'est pas encore assez peuple pour comprendre et dire ce que Dieu veut pour le peuple; mais soyez tranquille, lorsque le moment sera venu, il sera prêt; les grands hommes s'illuminent promptement, et leur inspiration est quelquefois si merveilleuse qu'elle ne peut avoir d'autre nom que celui de révélation.

De tout ceci il résulte que Lamartine aurait

grand tort de ne pas chercher à conserver et à augmenter son influence sur les hommes qui sont destinés, à leur insu, à remplir cette belle tâche. Toute la question est donc de savoir comment accroître cette influence si bien méritée.

Je me tromperais beaucoup si M. de Lamartine ne sent pas déjà que lui et ses 221 doivent changer de batterie, et qu'ils ne doivent plus se poser comme les défenseurs de l'ordre, ce qui est presque trop convenu, mais comme les seuls hommes qui *comprennent les véritables besoins populaires*, comme les seuls *qui puissent y satisfaire*. C'est la seule bonne arme, en effet, à employer contre le tiers-parti, qui ne pourra rien faire dans cette direction, malgré ses promesses; et c'est aussi un puissant moyen d'éducation et d'élévation pour les soldats dont parle M. de Lamartine, et qu'il ne veut pas abandonner. Il faut, en effet, que les 221 acquièrent la conscience que c'est à eux que revient cette tâche, et certainement ils se mettront en mesure de la remplir avec connaissance de cause, lorsque le temps sera venu.

Je dis plus, c'est que pour le but à atteindre, il est inutile de s'inquiéter si les 221 savent parfaitement aujourd'hui ce qu'il faudra faire dans cette direction *populaire*, lorsqu'inévitablement leur reviendra le pouvoir. Ce serait même plus nuisible qu'utile d'arrêter prématurément leur pensée sur ce point. Les hommes politiques, en général, ne sont pas théoriciens, et leur habitude des affaires leur fait découvrir, en leur temps, les mesures à prendre, *pourvu qu'ils soient entraînés par un sentiment bien net.*

C'est donc ce *sentiment* qu'il s'agit d'éveiller et de développer en eux, et je suis certain qu'ils sont tout prêts à le recevoir, non-seulement parce qu'il y a autant de véritable amour du peuple de ce côté que de l'autre, mais parce que les 221 savent bien que toute mesure *populaire* qui ne viendrait pas d'eux serait un acheminement inévitable vers la République.

Et voilà pourquoi la position du duc d'Orléans, politiquement nulle jusqu'ici, me paraît devoir prendre caractère, car ce prince qui, en sa qualité d'héritier du trône, représente plus l'avenir que l'époque actuelle, n'a qu'à manifester cette pensée *populaire* pour servir de drapeau à l'évolution préparatoire et toute pacifique qui délivrera le trône où il doit s'asseoir d'obstacles qui deviendraient insurmontables s'il ne s'occupe pas dès à présent de les détruire.

Un acte du duc d'Orléans, une parole de Lamartine, voilà ce qu'il faut. Que Lamartine sollicite l'acte, il aura accompli une double tâche, mérité double gloire. Je vous l'ai déjà dit, ces deux hommes sont marqués de Dieu pour une œuvre commune.

Tout à vous, cher ami.

P. E.

CCLXXIII[E] LETTRE

A ARLÈS

Constantine, 10 mai 1840.

Mon cher Arlès, l'attente d'un nouveau courrier a, je crois, engagé le général à reculer l'époque du départ pour Sétif. J'en profite pour causer encore avec vous.

Depuis ma longue épitre en plusieurs morceaux, du 26 avril au 4 mai, j'ai lu les journaux;

je n'y ai vu que trois choses qui m'aient frappé et qui toutes les trois peuvent se ramener à une seule : 1° la conversion des rentes ; 2° l'avis de la commission sur l'Algérie ; 3° le ton et même le fond des discours de M. Thiers à la Chambre des pairs, et c'est à ce dernier sujet que je vais ramener les deux autres.

M. Thiers a dit avec raison : lorsque le 12 mai a paru trop pencher à droite, il y a eu réaction vers la gauche ; si nous penchions trop vers la gauche, il y aurait réaction vers la droite: personne ne veut aujourd'hui risquer de grandes expériences. Voici pour le fond ; quand à la forme, il a été envers la pairie d'une politesse de paroles excessive, demandant pardon même de l'emploi des mots les plus usuels du langage parlementaire, c'est-à-dire de l'argot des députés. Indépendamment de toute autre raison, je conclûrais de lui ce que je vous ai déjà écrit, savoir: que la Chambre des pairs va, par *réaction*, ramener vers elle le mouvement politique qui, depuis deux ans surtout, se porte d'une manière exagérée vers la Chambre des députés. Et comme seconde conséquence, j'y vois deux votes contraires à ceux qu'on aura probablement chez les députés, pour la conversion et pour l'Algérie.

Ce système de bascule qui est notre vie depuis 1814 a eu certainement de grands avantages, mais on ne peut pas se dissimuler qu'il use considérablement les rouages, et que s'il retarde quelques mouvements brusques, il oblige de temps à autre à de grands renouvellements de la machine, comme le retour de l'île d'Elbe, comme 1830, comme l'invasion de 1815, comme l'*isolement diplomatique* de 1840.

C'est sur ce dernier fait que je suis bien aise de fixer votre attention.

M. Thiers n'effraye pas autant l'Europe que Napoléon, mais il est évident que, malgré ses prétentions diplomatiques, il ne lui sera pas donné de nous sortir de l'*isolement* actuel, et que son avénement au pouvoir est même un signe qui correspond parfaitement à cet isolement.

Certes, à un point de vue très-général et très-philanthropique, et en considérant ce que l'Europe tout entière, ce que le monde même peut gagner à cet isolement de la France, il serait possible de trouver des compensations analogues à celles qu'on a pu se donner (en se dépouillant un moment de sa qualité de Français) en 1815, c'est-à-dire lorsque les peuples européens, ayant acquis tout ce que Napoléon avait pu leur donner de la vie française, se sont révoltés contre lui. De même aujourd'hui, la *révolution de 1830* a donné à l'Europe (et beaucoup par M. Thiers, c'est une justice à lui rendre) tout ce qu'elle pouvait lui donner. La Belgique, l'Espagne, l'Italie, la Pologne même, j'en suis convaincu, et aussi la Grèce, l'Egypte et la Turquie, l'Amérique même ont reçu de 1830 tout ce que 1830 pouvait donner de bon, comme en 1814 le monde avait reçu, par Napoléon, tout ce que la révolution de 1789 pouvait lui donner de bon. C'est par la force que Napoléon avait donné, c'est par elle qu'il a été repoussé ; c'est par la blague du *statu quo* et du chacun chez soi que 1830 a agi, et 1830 va rester *chez lui*, in *statu quo*, c'est très-naturel.

Vouloir agir sur l'Europe aujourd'hui me paraît donc aussi puéril que le rêve d'un grognard en 1815 qui aurait voulu reprendre Moscou. Malgré cela nous aurons un Waterloo diplomatique, comme nous avons eu un Waterloo militaire ; M. Thiers a fait entendre qu'il cherchait une nouvelle alliance pour la substituer à celle de l'Angleterre ; il aura un pied de nez, et l'Autriche le jouera bien plus facilement encore qu'elle n'a joué son gendre Napoléon, et quelque Blücher prussien taillera en pièces M. Cousin.

C'est qu'il y a en effet dans la politique extérieure de la France, sur la grande question où se débat actuellement la diplomatie, une condition générale de défaite sur tous les points. M. Thiers veut, comme Napoléon, (et malheureusement l'opinion publique est encore conforme à la pensée de M. Thiers, comme elle soutenait encore Napoléon après Moscou même) maîtriser des événements contrairement à leurs tendances naturelles. Il convient, et tout le monde convient avec lui, que la tendance naturelle des Russes est de prédominer à Constantinople, et que la tendance naturelle des Anglais est de prédominer à Suez et en Syrie, et il en conclut qu'il faut *s'opposer* aux Russes à Constantinople, et *s'opposer* aux Anglais à Alexandrie ; cette politique toute négative manque complétement d'éléments de succès. Sans doute il faut s'opposer à ce que la prédominance naturelle, inévitable, très-désirable même des Russes sur la Turquie et de l'Angleterre sur l'Égypte devienne *exclusive, absolue, autocratique* et semblable à une *conquête* ; mais on poussera d'autant plus à ce qu'elle prenne ce caractère qu'on méconnaîtra ce qu'il y a de légitime et de vraiment providentiel dans cette double prétention.

C'est ce que l'Autriche sentira et sent déjà, j'en suis sûr, comme elle a senti en 1815 que la puissance de Napoléon n'était plus que négative, destructive, et qu'il fallait l'abattre.

L'ambassadeur de France qui irait à Vienne dans cette pensée pourrait encore sauver la France du Waterloo de M. Thiers ; peut-on l'espérer ? j'en doute.

Je reviens à la Chambre des pairs, mais pour ce que j'ai à en dire, cette vue de politique extérieure était nécessaire.

Je continue ma comparaison de 1814. Le Sénat *conservateur*, réunion des vieilles illustrations de la République, du Consulat et de l'Empire, a salué la sainte alliance et donné le coup de grâce à Napoléon. Aujourd'hui la Chambre des pairs, toujours *conservatrice*, réunion des vieilles illustrations de l'Empire, de la Restauration et de 1830, donnera le coup de grâce à M. Thiers, et saluera la première les vainqueurs de sa politique extérieure et intérieure. Je ne voudrais pas que ma comparaison de M. Thiers avec Napoléon vous donnât trop à penser sur M. Thiers, mais je ne voudrais pas qu'elle vous donnât trop peu, et pour cela je vais vous dire pourquoi je prends M. Thiers et et non pas Louis-Philippe, qui est pourtant assis sur le trône où était assis Napoléon. C'est que Napoléon, en partant, a enlevé tout à fait le velours qui recouvrait ce trône ; que Louis XVIII y a mis un velours de coton, troué par Charles X; et que Louis-Philippe n'y a pas même posé une indienne, ce qui fait que le trône est réduit aux planches dont a parlé l'Empereur.

Et voilà pourquoi Louis-Philippe ne sera pas *détrôné*, mais bien M. Thiers, mais bien l'homme qui s'est dit : le roi règne et *je* gouverne.

En d'autres termes, M. Thiers est bien plus le représentant de la *révolution* de 1830, et il en convient certainement lui-même, que Louis-Philippe ; M. Thiers est le frère de la presse et de la tribune, tandis que Louis-Philippe est de sang royal et Bourbon ; il n'y a pour M. Thiers ni quoique ni parce que ; il vient de rien et il est presque tout; le Roi au contraire vient de bien haut et n'est presque rien ; Louis-Philippe enfin est éminemment un homme de transition, un lien du passé avec l'avenir;

M. Thiers est le présent, un moment, un éclair très-brillant, un météore, une, ou si vous voulez trois *glorieuses journées*.

Je dis donc que M. Thiers s'éteindra extérieurement sous le souffle des diplomates, et intérieurement sous celui de la Chambre des pairs. Extérieurement à propos de la question d'Orient, intérieurement à propos de la conversion et de l'Algérie.

Déjà à propos de la conversion, on a remarqué que les décisions fermes qu'il avait promises n'arrivaient pas ; et il est en effet difficile d'être plus flasque qu'il ne l'a été sur cette question et sur la réforme électorale, et sur les destitutions, mais il me semble que cela va être bien pis sur la question d'Alger, et que, malgré son immense talent et son adresse infinie, la fermeté promise fera place à une faiblesse prodigieuse.

A mon tour, je m'aperçois que vous pourriez dire de ma politique ce je que disais de celle de M. Thiers ; ce ne serait pas tout-à-fait juste, puisque je dis en même temps, ce que beaucoup d'autres politiques n'admettent pas, que Louis-Philippe ne sera pas détrôné. Il est vrai que j'ai beaucoup plus indiqué pourquoi et comment

M. Thiers le serait, que je n'ai dit pourquoi Louis Philippe ne le serait pas, mais j'y arrive.

Et pour cela, examinons bien en quoi ma comparaison de 1814 à 1840 ou de la révolution de 1789 avec celle de 1830 diffère d'une identité.

L'Empire est la propagation européenne des principes de 1789 ; la Restauration est une réaction contre l'extension exagérée de ces principes, ou mieux encore une protestation de certains principes sociaux oubliés ou écrasés en 89, et qui demandaient à avoir leur part dans la société renouvelée. La Restauration, comme l'Empire, a dépassé son but, et comme lui elle est tombée par exagération de son principe. En 1830, donc, outre le fait *révolutionnaire* qui arrêtait la Restauration dans sa marche, et dont M. Thiers est le représentant, il y avait un double résultat obtenu, une double étude faite; quelques hommes avaient compris le pourquoi de 1789 et le pourquoi de la Restauration; *liberté* et *ordre* devinrent la devise sociale, tandis que 89 n'avait dit que *liberté*, et que la Restauration n'avait dans l'âme que l'*ordre*.

Le mérite de Louis-Philippe est d'avoir trouvé cette devise, et même d'en avoir supprimé le mot d'*égalité* qui y avait été joint dans les premiers jours, et il représente ainsi, non pas la *révolution* de 1830, comme M. Thiers, mais le double sentiment né de ces deux grandes épreuves auxquelles la France a été soumise, depuis que mécontente de sa forme sociale ancienne, elle en cherche une nouvelle. Louis-Philippe, c'est à peu près M. Thiers et M. Guizot réunis en un seul homme.

Depuis 1830, le problème politique est ainsi posé : quelle est la mesure de *liberté* et quelle est la mesure d'*ordre* que comporte la société actuelle ? Ce qui, en d'autres termes signifie : comment *concilier* les exigences du passé avec les besoins de l'avenir (1) ? Et, en effet, notre époque est une époque de désir de *conciliation*, succédant à deux époques l'une de *révolution* et l'autre de *restauration*, c'est-à-dire deux époques, l'une d'*avenir sans passé*, l'autre de *passé sans avenir*, semblables à MM. Thiers et Guizot, l'un écrivant des révolutions, l'autre des restaurations.

---

1. Et vous voyez que toutes nos crises ministérielles peuvent en effet se résumer ainsi : comment concilier M. Guizot et M. Thiers ? Et comme M. Guizot est *passé* et que M. Thiers a réalisé son *avenir*, le problème est terminé sans solution en 1840 (*Note d'Enfantin*).

M. Thiers est arrivé au *mot* (conciliation), ce qui prouve que la *chose* est maintenant sentie, et il a pour accolytes les Cousin, Jaubert, Rémusat, c'est-à-dire l'ancien *Globe*, parce qu'en effet le mot conciliation est, en politique, la traduction des prétentions philosophiques de l'éclectisme. C'est un excellent sentiment que celui de la conciliation, mais nous savons depuis longtemps qu'il ne suffit pas de dire à deux personnes qui se regardent comme ennemies, et qui auraient au contraire des grands motifs d'être amies : embrassez-vous et que cela finisse : il faut encore leur faire sentir et comprendre ces motifs d'union, de manière à changer l'inimitié en affection véritable.

Pour cette œuvre, M. Thiers et tous les éclectiques sont impuissants ; ils ont une intention fort louable, mais ce n'est qu'une intention ; ils représentent parfaitement la société désirant mettre fin à ses luttes, mais ils ignorent le moyen d'y mettre fin, parce qu'ils n'ont aucune idée de la forme nouvelle que prendra la société après cette réconciliation.

Peuple et roi résument toute la forme sociale ancienne ; l'un est 1789, l'autre est la Restauration. 1830 a fait surgir un roi-citoyen [1]; c'est donc encore, sous ce nouveau point de vue, Louis-Philippe qui est le véritable symbole des deux grandes acquisitions faites par la Révolution et la Restauration. C'est lui, je le répète, qui est le chaînon qui rattachera le passé à l'avenir, et il ne sera pas brisé avant cette union, parce qu'il est impossible de concevoir une position plus favorable, sous tous les rapports, que la sienne pour l'opérer; il a pu et il pourra encore user beaucoup d'hommes. Tant qu'il a fallu faire naître et développer dans les masses le sentiment préalable de conciliation, Périer et Laf-

1. Un roi-citoyen, *par la grâce d'un peuple-souverain,* aurais-je dû ajouter; ce complément d'idée m'aurait fait appliquer à la politique européenne les mêmes idées que je viens de développer pour notre politique intérieure. C'est qu'en effet la France est pour l'Europe et le monde entier ce que Louis-Philippe est en France; elle est le représentant du double principe né de 1789 et de la Restauration; elle est le peuple *juste-milieu;* elle ne sera pas détrônée (c'est-à-dire envahie), mais elle restera *isolée,* comme Louis-Philippe, qui ne pourra bientôt plus former de ministère; et l'Angleterre, qui professe la maxime : la France règne et ne gouverne pas, sera détronée, tandis que la France ne le sera pas; elle aura une révolution, tandis que nous n'aurons qu'une évolution. M. Thiers et l'Angleterre auront un sort semblable, un Waterloo, et M. Guizot contribuera à l'un et à l'autre. (Relisez ce que je vous ai écrit sur M. Guizot le 14 février) *(Note d'Enfantin).*

fitte, Guizot et Broglie y sont passés : Thiers y passera; mais Louis-Philippe ne finira que lorsque sa destinée tout entière sera accomplie, lorsque le mot *peuple* et le mot *roi* auront l'acception nouvelle que Dieu leur réserve; lorsque le duc d'Orléans pourra commencer à *pratiquer* le sentiment de conciliation entre le passé et l'avenir, entre le droit et le fait, entre les légitimistes et les républicains, entre les pairs et les députés.

Quelle sera cette *pratique* conciliatrice du duc d'Orléans? Est-ce une destinée royale ou une conduite de citoyen que je vois pour lui dans l'avenir? Ceci nous mènerait trop loin; ce que je veux dire, c'est que ce ne sera pas une conduite parlementaire, parce que le parlementarisme finira avec Louis-Philippe, qui vivra autant que cet éclectisme politique dont il est le représentant.

Ceci me fait rentrer plus nettement dans la question.

M. Thiers a défié de gouverner après lui; il a eu presque raison, car il est l'avant-dernier terme du gouvernement parlementaire, comme Louis-Philippe en est le dernier. Michel disait dernièrement à d'Eichthal : la France actuelle est ingouvernable ; et celui-ci répondait : ingouvernable comme on veut la gouverner actuellement ; Gustave avait raison, la France est ingouvernable *parlementairement;* ce qui signifie que nous touchons à la fin du parlementarisme, comme en 1813 à la fin de l'Empire, comme en 1827 à la fin de la Restauration.

Mais après M. Thiers, c'est-à-dire le jour où il aura été éteint par la pairie, Louis-Philippe poussera encore jusqu'au bout, comme la Restauration et l'Empire, son principe ; c'est-à-dire qu'il y aura un intermède ministériel ou des intermèdes successifs, dont les précédents ne donnent qu'une faible idée, et durant lequel se passeront les grandes choses pour lesquelles il faudra être prêt. Ce sera là le dernier acte de Louis-Philippe, et ce ne sera pas le moins grand de sa vie.

Et ma prédiction n'est pas sinistre pour lui, malgré le rapprochement que je fais avec 1814 et 1830 : Louis-Philippe n'aura ni l'exil de Sainte-Hélène, ni celui d'Autriche ; le duc d'Orléans n'ira pas rejoindre Henri V, et voir le tombeau du roi de Rome. Le représentant du sentiment de conciliation entre l'ordre et la liberté n'aura pas le sort de la révolution (Napoléon), ni de l'ancien régime ressuscité (Charles X); il mourra comme l'éclectisme, impuissant, mais voyant luire l'aurore d'un grand jour nouveau.

Tout ceci, sauf ce dernier mot d'aurore d'un grand jour nouveau, est encore bien négatif, direz-vous; c'est encore, quoiqu'un peu plus tard que la chute de M. Thiers, la mort du parlementarisme et l'enterrement de Louis-Philippe, je n'en disconviens pas. Arrivons donc à cette aurore, et tâchons, dès à présent, d'en voir quelques lueurs, et de signaler les moments où l'on pourra peu à peu la mieux découvrir. Je crois au reste que pour bien apercevoir l'aurore qui va naître, il est bon d'être bien convaincu qu'on est très-avancé dans la nuit.

Il est impossible que le sentiment de dégoût du parlementarisme, qui fait tous les jours d'immenses progrès dans les rangs des hommes vraiment supérieurs, n'engendre pas le besoin de s'unir pour prévoir et préparer les moyens de sortir de cet état contre nature de fièvre perpétuelle. On n'ose pas encore avouer hautement ce dégoût, on s'en fait confidence à voix basse, et tant qu'on n'aura pas, sous ce rapport, le courage de son opinion, comme on dit, il sera difficile que ces confidences mystérieuses produisent quelque chose de bon. Mais attendez qu'une de ces natures impressionnables et impressionnantes, étouffant sous la colle et la blague parlementaires, éclate ; je vous réponds que, de ce jour, sera formé le noyau des hommes qui découvriront et prépareront la partie *positive*, *constructive*, *organisatrice* de la politique dont j'ai presque exclusivement développé la partie négative.

Ainsi tout ce que je vous écrivais dans ma lettre précédente sur la marche que doivent inévitablement adopter les 221, sur la nécessité où ils sont de se présenter non plus comme les défenseurs de l'ordre (c'est connu), mais comme les seuls capables de réaliser, sans conséquences républicaines, des améliorations vraiment *populaires*, donne un caractère bien net à ma pensée sur la Chambre des pairs, quant à la politique intérieure. Le thème des 221 est le même pour elle, et je suis certain qu'elle s'en emparera, quand la conversion lui arrivera, parce qu'elle sentira encore mieux la nécessité de se faire populaire, au moment où elle pourrait craindre qu'on ne l'accusât de défendre sa cause de grosse rentière 5 0/0.

Quant à la politique extérieure, Alger y touche

de trop près pour que la Chambre n'ait pas encore là une belle occasion de relever notre dignité extérieure, devant un cabinet qui veut, dit-il, la paix sans honte, et qui ne défendra pourtant que très-mollement la possession de l'Algérie devant les députés. Mais il y aura bien d'autres circonstances prochaines où se produira clairement la faible estime dont jouit M. Thiers chez Metternich et chez Nicolas, et qui inspireront à quelques vieilles nobles âmes le sentiment de la seule grande diplomatie qui convient à la France, et dont je faisais tout à l'heure l'application à la question orientale.

Vous vous rappelez que dans ma lettre au roi, il y a trois ans, j'indiquais l'apparition de cette politique loyale et naturelle, comme le viatique qui devait accompagner Talleyrand dans la tombe qui s'est ouverte pour lui peu de temps après. Cette politique est si simple et si claire, elle est en même temps tellement rénovatrice de toute la diplomatie, qu'il ne faudra, pour ainsi dire, que l'énoncer pour y ranger les bons esprits, et il est impossible que la conduite de M. Thiers ne donne pas l'occasion de la mettre au jour. Or, c'est la politique d'association des peuples et en même temps de leur indépendance et de leur dignité, puisque c'est celle qui prend pour base la capacité et les tendances naturelles de chacun d'eux.

Voici donc les deux points autour desquels il me semble que doivent se rallier tous les hommes qui, dégoûtés de la politique actuelle, songeront à préparer une politique nouvelle. Comme politique intérieure, ils s'occuperont des améliorations *populaires*, et par conséquent se trouveront transportés sur le terrain politique de l'*organisation industrielle* et de l'*éducation intellectuelle et morale* du peuple; comme politique extérieure, ils chercheront les bases d'une nouvelle *association* des peuples, *selon leurs tendances naturelles*, politique d'association et de développement au lieu de la vieille politique de guerre et de jalousie.

Peut-être trouverez-vous que je prends mes espérances pour des réalités très-prochaines; c'est possible, et cela m'est arrivé quelquefois; pourtant il me semble que je ne me trompe pas aujourd'hui, et que nous sommes très-près du moment où toutes ces choses nouvelles vont se dire et se faire. N'oubliez pas que c'est dans ma main qu'est tombé le *Globe* de MM. Guizot, Broglie, Rémusat, Jaubert, Jouffroy, Dubois et

Cousin, et qu'après l'éclectisme je dois savoir ce qui naît. Le *choix* entre mille doctrines philosophiques, déclarées également respectables, a toujours précédé une philosophie nouvelle; le choix entre d'honorables systèmes politiques (tiers parti), touche également de près une politique nouvelle; et de même notre tolérance religieuse qui reconnaît tous les cultes comme fort estimables, est bien près d'une nouvelle foi religieuse. — C'est bien le cas de dire : *Amen*.

Malgré cela mon discours n'est pas fini; j'ai besoin, pour le compléter, de vous rappeler notre conversation sous les galeries du théâtre, avec M. Brosset, où je vous annonçais le retour inévitable de M. Thiers au pouvoir, pour la clôture de la phase ouverte par 1830, et ma lettre de Constantine du 19 mars, alors que j'ignorais encore, mais que je prévoyais la formation du ministère actuel.

A Lyon, en novembre de l'année dernière, je vous disais donc que nous devions aller, en politique intérieure et extérieure, jusqu'au régime Robert-Macaire pur; nous y sommes. De Constantine, le 19 mars, je vous écrivais : opposition systématique du duc d'Orléans, protestant contre ce triste régime, et devinant ainsi le drapeau des hommes d'avenir; aujourd'hui j'ajoute une chose encore, c'est qu'il me semble qu'il dépend de vous de guérir Michel de son mal d'*entrailles*.

Adieu, cher ami, n'oubliez pas ma recommandation du courrier dernier pour mes lettres; Holstein est à votre disposition. Je vous embrasse tous deux ainsi que femmes et enfants.

P. E.

CCLXXIVe LETTRE

A ARLÈS

Constantine, 17 juin 1840.

Je suis rentré ici avant-hier, mon cher Arlès. Mon courrier, arrivé ici le 13, court après moi à Sétif, ce qui m'ennuie fort, puisqu'il contenait sans doute quelque bonne lettre de vous. J'ai reçu celle du 20 mai, et aussi le billet du 15 mars que vous aviez donné à Plichon et qu'Urbain m'a apporté, Plichon étant rentré en

France. Urbain n'a, pour ainsi dire, pu que saluer le prince à Alger, et ne lui a pas parlé; le prince pourtant a engagé Lamoricière, appelé à Paris, à ne pas partir sans causer longuement de Constantine avec Urbain. Je confesse n'avoir pas très-bien compris ce qu'Urbain m'a raconté de ses conversations sur l'Algérie avec Lamoricière. Ce que je comprends en tout ceci, c'est qu'on est enfin en quête d'une idée arrêtée, d'un système, mais je ne le crois pas trouvé par Lamoricière, quoique je le considère comme un des plus puissants instruments de ce qui se fera dans ce pays militairement, ou, si vous voulez, comme le général en chef *futur*, ou comme le gouverneur *très-prochain* de la province d'Oran, ou même comme un excellent chef de colonnes mobiles qui seraient, *en ce moment* chargées de garantir Alger; en un mot, le point de vue militaire domine et doit dominer Lamoricière, ce qui est très-naturel et très-utile. Lamoricière, par son grade, est encore trop éloigné du moment où il pourrait être nommé gouverneur de nos possessions d'Afrique, et s'il trouvait le système et qu'il n'en fût pas l'applicateur, ce serait absurde. D'ailleurs, on *cherche* un système, mais on ne le trouvera pas demain, cette année, ni même, je crois, l'année prochaine, et d'ici là, Lamoricière sera peut-être, en effet, en mesure de trouver et d'appliquer. Cette campagne va le faire général de brigade, deux ou trois ans le feront général de division.

Cette recherche du fameux *système* franco-africain a son côté plaisant et aussi a son côté bien douloureux ; il est curieux de vouloir forcer notre gouvernement à avoir un système sur l'Afrique, quand on ne sait pas en France quel système il faut pour la France. En attendant, on tue des hommes en Afrique comme on fait des lois en France, de la manière la plus pitoyable et en aveugles. Les restes et les cendres de Napoléon viennent de mettre à nu la faiblesse de notre politique. Je crois qu'à propos d'Alger on a menacé d'un coup d'épée l'insolent qui en contesterait la possession à la France, et on n'a pas su faire donner à Abd-el-Kader d'autre coup d'épée, que cette triste enfilade du vieux maréchal ; que serait-ce donc s'il fallait châtier Nicolas ou le roi de Prusse ? On enverrait, pardieu ! le maréchal Moncey ou bien Oudinot faire campagne.

Le seul système à employer *militairement* en Afrique, c'est d'y avoir des colonels de 25 à

30 ans et des généraux de 30 à 35. Est-ce possible aujourd'hui avec nos règlements et nos formes? — Non, dira-t-on. — Eh bien, alors, pas de système africain.

Mais, est-ce donc impossible? non, même avec nos règlements et nos formes. Gouvernez ici *colonialement*, Monsieur le dictateur, l'Algérie n'est pas la France, et peut être un jour les beaux résultats que vous avez obtenus à Alger par votre autocratie, vous permettront-ils de faire sentir à la France qu'elle est bien sotte avec son parlementarisme.

Je m'explique plus clairement: notre *occupation* d'Afrique n'aurait, pour ainsi dire, pas de sens ou plutôt serait une vraie niaiserie, si elle n'était que ce que notre orgueil prétend qu'elle est, c'est à dire un moyen de civilisation pour les Arabes; elle est avant tout un moyen de civilisation pour les *Français*, de même que c'est surtout la *lutte* des Arabes contre nous qui est un moyen de civilisation pour les Arabes; la preuve en est que ceux des arabes qui nous supportent et se laissent gouverner par nous ne prennent que nos vices. L'Afrique est destinée à nous faire rougir de notre absurdité politique; c'est parce qu'avec nos formes et nos idées politiques nous ne pouvons rien faire d'elle, que nous serons contraints à faire un retour sur ces formes et ces idées, et à reconnaître qu'elles sont impuissantes. Lorsque ce Napoléon de glorieuse mémoire, qu'on veut faire revivre, se préparait en Égyte au gouvernement de la France et presque de l'Europe entière, il n'étudiait au Caire ni la balance des pouvoirs, ni même la Déclaration des droits de l'homme ; il lisait le Coran et en profitait ; il sentit que le sabre de Mahomet était dans sa main et il vint soumettre les bavards et les rois de l'Europe.

Aujourd'hui la France et l'Europe n'attendent pas l'épée de Dieu, elles n'appellent pas une volonté guerrière, mais elles désirent *une volonté,* une autorité pacifique, créatrice, régulatrice, organisatrice. Est-ce en faisant du tripotage de tribune et de votes, de journaux et de places qu'on peut s'initier à cette haute dictature ? — Abd-el-Kader vous en apprendrait plus en ce genre que tous vos journalistes et députés, car lui au moins s'est fait dictateur.

M. Thiers ne serait-il qu'un parodiste? On prétend que M. Lamartine l'a dit ; mais M. Lamartine n'aurait dû dire que cela et ne pas prôner *la liberté.* Est-ce qu'il n'y a plus de conscription aujourd'hui pour faire pleurer les mères? Est-ce que l'ouvrier et le journalier sont plus certains que sous l'Empire de ne pas mourir à l'hôpital? Est-ce que le journaliste lui-même est plus libre d'attaquer la charte et le roi qu'on n'était libre d'attaquer la constitution de l'empire et l'empereur? Est-ce que les impôts indirects ou droits réunis, les douanes et les mille liens où la fiscalité et la bureaucratie garottent le travail ont diminué? Non, la France n'est pas plus libre que sous l'Empire, elle l'est plus peut-être que sous le Directoire, plus certainement que sous la République; mais songez donc, poëte, que c'est Napoléon qui a mis fin à l'esclavage de la guillotine, le plus horrible de tous, et à l'esclavage de la vénalité, le plus sale de tous. Allez, Napoléon était un *honnête homme;* paix à sa cendre! il était un grand homme; gloire à son nom!

Comment un esprit aussi élevé que notre grand poëte peut-il se laisser prendre au souvenir des malédictions bien excusables qui l'ont bercé dans son enfance, et au spectacle menteur qu'il a sous les yeux, au point de craindre qu'une main ferme ne vienne mettre fin à l'anarchie qui nous ronge? Comment peut-il s'aveugler au point de croire que *notre liberté* courrait des dangers? Mais où est-elle donc notre liberté? Est-ce qu'un pouvoir qui vacille et flotte au moindre vent est une garantie de liberté? Est-ce que Robespierre n'avait pas raison par sa pensée d'avenir, et tort seulement par sa vie passée, lorsque Louvet l'accusait, lui aussi, de rêver à la dictature? Oui, il y rêvait, comme M. Thiers y rêve, parce que lui et M. Thiers, après la destruction de l'ancien régime, se sont trouvés sur des ruines et ont voulu reconstruire avec le principe révolutionnaire, instrument des démolisseurs. — Je reviens à l'Algérie. Je dis donc que nous devons enfin comprendre que nous venons chercher ici un enseignement, faire notre éducation, nous civiliser, et que si nous avons seulement la prétention de civiliser les Arabes, nous sommes des niais présomptueux, infiniment au-dessous du dernier kabyle; ce qui fait que nous serons toujours tués par ces *Messieurs-là*, tant que nous n'aurons pas une dose raisonnable d'humilité qui nous permettra de reconnaître que nous sommes plus bêtes que nous ne le pensions. Un petit exemple, s'il vous plaît. Depuis dix ans que nous faisons la guerre en Afrique, notre fantassin porte 50 livres sur son dos, et vous savez quelle est la vigueur ordinaire du tourlourou. Le Maréchal, cette fois-ci, en lui faisant porter six jours de vivres a dû élever le poids à 60 livres ! ! Aussi avez-vous dû voir, dans le rapport, qu'on a souvent mis le sac bas pour combattre, mais on ne l'a pas mis bas pour marcher, et le résultat de ce joli exercice n'est pas même appréciable dans les hôpitaux, où tout passe sur le compte de la fièvre, de la dyssenterie et des fluxions de poitrine. Mais on peut facilement imaginer ce que ce doit être en essayant de porter 50 livres seulement pendant cent pas, au soleil et à 30 ou 35 degrés de chaleur. Je vous demande maintenant si des hommes qui font, dix années durant, la guerre ainsi, contre les *sans-culottes* d'Abd-el-Kader, ne méritent pas les petites maisons ; malheureusement leurs petites maisons ici c'est l'hôpital, quelquefois en plein air, ce qui vaut au reste très-souvent mieux que les hôpitaux-fours de campagne, que nous construisons. — J'ai envie de faire une pétition à la Chambre pour demander que tous les employés du bureau de la guerre fassent une étape par semaine d'été, avec 50 livres de leurs paperasses sur le dos.

Pour ne parler donc que de l'armée, je dirais si je croyais à un long avenir pour ce procédé de tuerie humaine qu'on appelle la guerre, je dirais que l'armée française, si fière de son organisation napoléonienne, vient prendre ici des leçons dont elle peut beaucoup profiter. Certainement elle apprendra aux Arabes à mieux tuer, comme elle leur apprend déjà à boire et même à jurer et à jouer aux cartes; mais si elle se vante de cette éducation qu'elle leur donne, j'espère qu'elle leur saura quelque gré d'apprendre d'eux à marcher dos nu, là où l'on a 35 degrés de chaleur sur la tête, et par conséquent 40 à 50 entre les jambes.

Cette lettre à bâtons rompus vous donnera une idée de ma situation d'esprit en ce moment. Je suis vexé et affligé de ce qui se passe en France et de ce qui s'est fait à Alger. La discussion des cendres de Napoléon m'a agacé les nerfs, et le rapport du maréchal m'a blessé au cœur. Thiers joue avec ces nobles cendres, et le maréchal radote avec de nobles vies; l'imprécation de Lamartine me désole pour lui, et le silence d'un seul instant après le rapport du maréchal me confond. — Concevez alors pourquoi j'enrage contre nous autres Français qui avons la prétention d'être le plus éclairé des peuples, lorsque je vois l'un des plus grands espoirs de la France avoir peur qu'on ne lui vole sa soi-disant liberté, et le plus grand ministre des temps modernes, l'*imitateur de Napoléon,* hésiter à remplacer un maréchal après une pareille campagne. C'est, à mes yeux, d'une faiblesse qui passe tout ce qui s'est fait de faible en parlementarisme. Je sais que si vous dites à Lamartine que je le compare à Louvet, il trouvera la comparaison aussi fausse que peu d'accord avec le rôle qu'il croit jouer et qu'il peut jouer; je sais aussi que si vous disiez au duc d'Orléans que je ne comprends pas que le maréchal n'ait pas été rappelé le jour même où lui, duc d'Orléans, rentrait à Paris, le prince pourrait trouver que je me mêle de ce qui ne me regarde pas. Mais qui donc dira la vérité aux poëtes et aux princes, si ce ne sont ceux qui les admirent et qui les aiment, qui ont espoir en eux, et qui veulent leur gloire et leur puissance aussi grande qu'ils peuvent la désirer eux-mêmes? M. Thiers ne sera pas dictateur, soyons tranquilles; mais le prince peut nous aider à conquérir *la liberté;* que l'un prétende à tout et tombe, un coup de Lamartine n'est pas nécessaire pour la chute; mais que l'autre ne soit qu'un brave général en France, cela ne suffit ni à lui ni à la France.

Je reviens sur ce que je disais, je crois, dans

une de mes dernières lettres. Je n'ai et n'aurai rien à dire à M. Thiers : qu'à son égard, la volonté de Dieu s'accomplisse! Son mot sur les insolents qui ne reconnaîtraient pas notre possession de l'Algérie lui vaudra l'animadversion de toute la diplomatie européenne, et n'éveillera en sa faveur aucune sympathie patriotique en France. M. Thiers aurait beau brandir son épée, que personne ne passera la frontière à sa suite. Il agit aujourd'hui sous l'empire de cette idée qu'une conflagration générale de l'Europe armée est inévitable, et il est, en effet, possible qu'on fasse encore cette bêtise par sa faute, et parce qu'il croit que cela est inévitable ; mais si cela arrive, on se regardera sans se battre, soyez-en sûr, eût-on dix millions d'hommes en Europe sous les armes, et le plus fort, dans ce cas, sera celui qui aura le moins armé et le moins cru à la guerre ; c'est encore l'Autriche et toujours l'Autriche que je veux dire, — l'Angleterre est aussi bête que nous, et Guizot travaille à ce que je vous ai dit ; ne pouvant tuer Thiers directement, il l'enfile en traversant de part en part lord Palmerston. Celui-ci est au bout de son rouleau ; son Odillon Barrot, O'Connel, ne lui suffit plus ; il faut qu'il tombe tout à fait à gauche pour se soutenir encore un peu, et s'il le fait, la réaction Peel est inévitable. On dit lord Durham malade ; le courrier prochain me dirait qu'il est au ministère que je n'en serais pas surpris ; c'est une oscillation possible, parce qu'elle ne serait pas par trop significative.

Si je n'ai rien et n'aurai rien à dire à M. Thiers, je n'en crois pas moins que j'aurais bientôt à parler à quelqu'un ; la plume et la langue me démangent, et vous savez que je n'étais pas ainsi il y a deux et trois ans, ni même l'année dernière. Les lauriers de Blanqui ne m'empêchent pas de dormir et je suis loin d'être jaloux de ceux que le prince a cueillis dans cette campagne, mais j'ai conscience que quand bien même je ne serais pas *consulté* j'ai déjà mission officielle de parler ou d'écrire, puisque je suis employé du gouvernement en Algérie, chargé de l'étudier particulièrement dans ses mœurs et usages, par conséquent dans ce qui peut le plus puissamment favoriser ou combattre notre occupation. Je crois même qu'il ne faut plus, pour cela, que savoir positivement par vous que je ne suis pas consulté, au moment où certainement on consulte tout le monde. A Alger je serai presque en France et j'entendrai là l'écho de tous les systèmes enfantés par la demande du système de la commission de la Chambre ; il y en aura, Dieu merci, à foison, et ce sera tellement ennuyeux de les écouter, qu'il vaudra mieux parler comme tout le monde. J'aurai probablement de la peine à réduire mon cadre à l'Algérie seule, mais je crois que j'y parviendrai. Ribes me disait quand j'ai quitté la France : Le monde saura enfin bientôt par vous ce que c'est que l'Algérie, et ce que la France doit y faire. J'ai cru alors qu'il se trompait ; je commence à ne plus le croire. — Dans ce but, je voudrais bien avoir à Alger la copie de mes lettres que j'ai prié Holstein de me faire; qu'il attende pourtant pour me les envoyer que je les lui demande positivement, mais s'il a le temps qu'il se tienne au courant.

Arago a enfin aperçu le principe vital du saint-simonisme, l'*organisation du travail*, et le voilà qui s'y cramponne. Je pense que la plupart des ouvriers qui sont allés le féliciter sont des brebis du pasteur Vinçard, ou tout au moins des habitants de nos anciennes maisons Popincourt et autres. Sous un rapport, je serais fâché qu'Arago se fît accuser de saint-simonisme, parce que cela réveillerait mal le nom de saint-simonisme, mais je suis bien aise qu'il s'empare de la chose sans se parer du nom et sans qu'on le lui applique, parce qu'il est bon vulgarisateur, et qu'un de ces jours nous verrons dans l'*Annuaire du bureau des longitudes* un article sur l'organisation du travail qui sera plus clair que tout ce qu'ont pu écrire en 1830 et 1831, Michel et son maître, votre serviteur, sur ce sujet. — Il va faire quelque chose d'approchant, ce que je croyais que Michel devait faire, en montrant ses talons aux *Débats* et en enfilant la route Thiers. Michel n'a pas suivi *le pouvoir*, et cela m'est explicable, ou plutôt cela m'explique pourquoi il est toujours malade et détraqué. Je crois que l'idée capitale émise dans la première feuille de ma lettre est vraie, et qu'elle est importante à exploiter en ce moment, parce qu'elle est claire et explique bien la position politique de la France, je veux parler du cri de : *A bas le dictateur !* signal d'une dictature. M. Thiers n'était pas et ne sera jamais en mesure de répondre à ce cri, comme Bonaparte à Saint-Cloud : A moi, grenadiers ! et de faire sauter par les fenêtres les honorables ; mais sa prétention et le cri de Lamartine annoncent l'avenir vers lequel nous marchons. Ceci est le développement de notre conversation avec M. Brosset.

Je vous embrasse. P. E.

CCLXXV^e LETTRE

A ARLÈS

Bone, 9 juillet 1840.

Mon cher Arlès, je suis arrivé ici le 5, et je me suis laissé séduire ; au lieu de partir d'ici par le premier bateau du 12, je partirai par celui du 27. J'aurais décidément tort de quitter aussi brusquement un point aussi important, et ma première résolution, prise à Constantine, se ressentait peut-être du besoin impérieux que j'avais de me rapprocher de la mer, et surtout d'en finir pour cette année avec les courses de terre. Cette dernière, de Constantine ici, a été pourtant fort bonne, agréable et pas fatigante, quoique nous ayons fait dix-huit lieues dans notre dernière journée.

La dernière fois, je n'ai pas pu répondre à votre lettre du 10. En commençant par la fin, je vous dirai que je n'ai pas mes lettres d'Égypte ici, et qu'il faudrait que je les relûsse très-attentivement, et tout autrement que ma mémoire ne me les rappelle, pour comprendre l'opportunité de leur *publication*. Je crois bien qu'il peut y avoir des *communications* qui en seraient utiles, mais publication non. Je vous ai déja dit que nous étions à la phase des grands *individus* et non du grand *public* ; qu'il s'agissait pour nous, en 1840, des princes, comme en 1830, du peuple. Nous avons donné au peuple tout ce que nous avions à lui donner, puisque Arago *prêche l'organisation du travail*, et je vois que dans votre lettre au prince vous prêchez aussi *l'organisation du travail* ; laissons donc à Arago le soin de faire son affaire et faisons la nôtre. — Que si vous regardez l'impression ou le tirage lithographique uniquement comme une diminution de travail de copiste, à la bonne heure, et encore cela vous entraînerait, malgré toute prudence et réserve, à répandre plus d'exemplaires qu'il n'en *faut* ; soyez sûr qu'il en faut fort peu.

Je n'ai pas vu encore en Afrique les hommes qui y ont un avenir prochain, mais j'ai vu *tout* ce qu'il me fallait voir avant de les voir eux-mêmes, et pour pouvoir les voir avec fruit. Dans ce *tout*, je comprends quelques individus qui ont un avenir moins prochain, mais qui marcheront certainement assez vite quand les Lamoricière et autres seront au premier rang définitivement.

Michel me paraît avoir été un moment sans comprendre qu'il courrait en France une carrière semblable à celle de Lamoricière en Afrique ; il n'a pas supporté son exil, parallèle à celui de Koléah, avec calme et espoir, et il est malade ; mais pour son état, il n'a pas besoin d'avoir, comme Lamoricière, avant tout, santé robuste et courage indomptable ; son épine dorsale ne doit pas avoir la rigidité du port d'arme, et il serait courbé en deux comme Voltaire ou impotent comme Talleyrand qu'il n'en ferait pas moins son affaire. Je vous parle de lui à propos de l'Algérie et de Lamoricière, parce que je trouve ce rapprochement très-bien fait pour faire comprendre comment je sens ce qui va arriver en France avant peu, et ce qu'il faut y faire dès à présent. Ainsi, par exemple, aussitôt que les Lamoricière d'Afrique seront enfin à la tête des affaires, ils seront aussi embarrassés que leurs prédécesseurs, et Rivet serait dans ses petits souliers à un ministère, comme peut y être aujourd'hui M. Thiers ou autre ; mais par cela seul que les Lamoricière d'Afrique sont des hommes nouveaux, jeunes, qui se sont faits vite, leur premier soin ou plutôt l'accès instinctif le plus clair de leur apparition au premier rang, sera une rénovation du personnel dans le sens des conditions de leur avancement. Je veux dire qu'ils sauront ce que valent les officiers qui apprennent l'arabe comme ils l'ont appris eux-mêmes en 1830, et quel est l'avenir des hommes qui sentent que leur avenir est en Afrique, comme ils en avaient eux-mêmes l'irrésistible pressentiment en 1830. En d'autres termes, ce dont il s'agit aujourd'hui n'est presque plus d'aider des hommes nouveaux à arriver au premier rang, ils y touchent; c'est de songer à ce qu'ils auront à faire dès qu'ils y seront pour renouveler les cadres du personnel gouvernemental, conformément à l'esprit qui les a poussés eux-mêmes et qui les anime.

Ainsi, si je parlais à Lamoricière, je lui dirais : Rappelez-vous, lorsque vous serez au pouvoir (africain), que c'est au moyen de l'aimant nommé zouaves, passé sur toutes les têtes de l'armée, que Bigot, Duvivier, Cavaignac et Vous, avez senti vos pieds quitter la terre et que vous avez été enlevés et élevés. Quel est l'aimant que vous allez passer à votre tour sur l'armée pour aider à marcher et à grandir ceux qui doivent immédiatement vous seconder, qui doivent former la masse à votre image et à la leur, qui doivent un jour vous succéder ?

Demain je dirais à Rivet et à Michel, et à Lamartine, et peut-être à un autre, vous, par exemple : Savez-vous, messieurs, pourquoi Dieu ne vous donne pas encore le pouvoir? Ce n'est pas parce que vous ne savez pas *tout* ce qu'il faudrait faire pour gouverner, mais uniquement parce que vous ignorez ce qu'il faudrait faire *immédiatement* pour *attirer* à vous ceux qui doivent vous aider à gouverner, et pour repousser ceux qui vous pourraient faire obstacle.

En deux mots, il faut avoir sa petite *Charte* en poche et son petit *acte* à faire, pour bien faire comprendre et *voir* de suite ce que pensera et fera celui qui prétend au gouvernement des hommes. Voyez M. Thiers, il a dit : Le roi règne et ne gouverne pas, et il a fait venir à l'appui les cendres de Napoléon qui était un roi régnant et gouvernant. Personne n'a pu s'y méprendre, et chacun a bien compris que M. Thiers voulait que le Roi régnât et que lui fût le gouvernement. Je ne dis pas que cette prétention le fasse vivre, mais je suis sûr que c'est cette prétention qui l'a fait naître.

Or M. Arago n'a pas inventé la Charte en

question, il n'est pas inventeur de sa nature, mais il l'a rencontrée sur la voie publique où Michel l'avait vue bien avant lui, où vous aviez aidé Rivet depuis longtemps à la voir, où Lamartine l'avait sentie de son beau nez de poëte, bien avant que M. Arago l'ait raccrochée du bout de son télescope.

Organisation du travail, tel est, en effet, la *Charte* du pouvoir qui succèdera au directoire de M. Thiers ; quant à *l'acte* qui correspondra à cette charte, ce ne sera pas un rappel de cendres, je vous assure, mais le rappel d'un bon vivant que vous aimez beaucoup et qui ne demande pas encore son logement aux Invalides.

Hatez-vous donc, Messieurs, de dire à Monsieur Arago que vous connaissez son affaire, que vous savez où il l'a rencontrée, qu'elle est vôtre aussi bien et mieux que sienne; priez-le toutefois de l'*exposer*, de la vulgariser, car c'est là son fort; mais ne vous tenez pas à l'écart, et ne lui laissez pas prêcher sa *découverte* sans rectifier l'illustre académicien ; prenez garde aux erreurs de l'homme qui n'a pas l'ombre *d'imagination.* Il est bon que toute grande pensée ait sa forme saisissante, populaire, mais il lui faut aussi sa forme royale et distinguée ; il faut en tout prose et poésie.

Et de là je retourne en Algérie. Lamoricière donc ne sera pas gouverneur de l'Algérie tant qu'il n'aura pas son *système* à proclamer, un *acte* à faire, qui en soit le cachet. Or, il aura beau se retourner, son système sera celui dont ses zouaves eux-mêmes ont été un premier signe, dont lui-même est un symbole vivant, que tous nos poëtes rêvent depuis la campagne d'Égypte, et que nous avons souvent formulé sous ce nom d'UNION de *l'Orient et de l'Occident*, ce qui est autre chose que *conquête* de l'Orient par l'Occident ou même que *civilisation* et *colonisation* de l'Orient par l'Occident. Lamoricière fera modifier le costume, le logement, la nourriture, la discipline du français en Orient, et par contre-coup même du français en France, par suite de l'expérience qu'il a des lumières de l'Orient sous ce rapport. Il fera plus, j'en suis convaincu, et il profitera également sous le rapport moral, sous le rapport politique, des *leçons* qu'il a puisées ici, et que l'Europe ne donne plus ou n'a même jamais données. Et ce n'est qu'en recevant ainsi des Africains beaucoup, qu'il pourra leur donner d'abord quelque chose et peut-être aussi beaucoup.

Je crois que je vous rappelais déjà dans une de mes lettres combien nous avons *reçu* des Musulmans à l'époque des croisades, combien l'Empereur avait *pris* dans sa campagne d'Égypte et combien nous avons tous *gagné* en Europe depuis que nos savants, nos voyageurs, nos négociants, nos poëtes ont tourné leurs yeux vers le *soleil*. Certainement nous aiderons les orientaux à regarder la *terre*, à la cultiver, et surtout à ne pas l'enlaidir ; mais combien de beautés *Morales*, combien de chefs d'œuvre *d'art*, combien de *richesses*, ressortent du culte brillant du soleil !

Je vous ai dit aussi, je crois, que c'était là le grand but prochain, vers lequels tous les peuples d'Europe tendent en ce moment presque à leur insu, et qui, lorsqu'il sera exprimé et poursuivi nettement, consciencieusement, facilitera l'œuvre d'ordre intérieur qu'exige impérieusement notre Europe. Mais ceci est la seconde charte qui nous est réservée. La première qui viendra précisément parce que nous avons œuvre d'*expansion* à faire, et que nous sommes, comme disait Fourrier, en régime subversif, sera une charte de *contraction*, proclamant une œuvre *intérieure* à faire, l'organisation du travail. Et remarquez que ceci est précisément la marche que nous avons suivie dans notre ancien journal. En 1830, *Organisation du travail*, en 1831 *Union des deux mondes*. Il nous restera donc après cela la charte correspondante à 1832, et j'espère qu'alors le national ne dira plus que je trouve un crapaud à la place de la femme libre.

Revenons au sérieux : Je suis bien aise que vous ayez écrit votre grande lettre ; je ne peux pas en dire autant de celle que Rivet vous a écrite, à moins qu'il n'ait la franchise de dire à beaucoup de monde, et même en public, ce qu'il vous dit tout bas et en particulier. J'aimerais beaucoup mieux entendre Rivet dire à la tribune : M. Thiers est un escamoteur, que d'entendre dire à Lamartine : A bas le dictateur! d'abord parce que c'est plus juste, ensuite parce que c'est moins parlementaire. Rivet dit qu'il faut ou avoir l'échine très-souple ou savoir *prendre un parti et attendre* ; je crois qu'Holstein a mal copié, et qu'il y a : ou savoir prendre le parti d'attendre, car la question que vous lui adressiez était précisément de savoir quel parti il avait pris, et la lettre n'en annonce aucun, si ce n'est celui d'attendre, le plus mauvais de tous quand on s'intéresse au sort des hommes qui sont dans la même mêlée que vous, mais le meilleur en effet quand on ne songe qu'à soi dans une foule, parce qu'on a plus de sang-froid, et qu'en raidissant les coudes on enfonce les côtes de son voisin et on garantit les siennes. Cela ne s'appelle pas de la bravoure, et pourtant Rivet est d'une nature brave. Voyez ce que peut produire le perfide breuvage du parlementaire ! c'est un vrai poison.

Mais avec quoi remplacer le parlementaire, dit M. Rivet, comme tant d'hommes distingués disaient, il y a 45 ans : Avec quoi remplacer le Directoire ? Certes les maréchaux Lefebvre, Lannes, Murat, Berthier ne savaient pas avec quoi on remplacerait le Directoire, mais ils avaient l'instinct d'embrasser la carrière qui les conduirait là où était le changement voulu, et ils ne se bornaient pas à *attendre*, ni même à remplir un rôle dans ce qui se nommait le gouvernement alors ; ils étaient soldats et lieutenants de Napoléon. En ce moment, il ne s'agit ni de se faire soldat, ni même de mettre brutalement à la porte pairs et députés; mais si, comme le dit M. Rivet, *le pays en a pour longtemps avant d'avoir perdu cette grande illusion* dite représentative, c'est parce que les hommes, comme M. Rivet, n'ont pas le courage de dire ce qu'ils en pensent et qu'ils font sur ce sujet de fort jolies lettres intimes, tandis que leur langage et leur conduite en public les font prendre pour de vrais pontifes du culte de la grande illusion. Voilà aujourd'hui où l'on peut se montrer brave, sauver la patrie, mériter le titre de maréchal, enfin se mettre dans la position où étaient relativement les vainqueurs d'Italie et les héros des pyramides. Qui ne risque rien n'a rien est un sage proverbe : le Français né malin qui créa le vaudeville ne donne son cœur qu'aux héros ; or, je le demande à MM. Rivet, Lamartine et autres, quel est le dévouement héroïque qu'ils se proposent de donner à leur carrière actuelle ? en d'autres termes, que peut-on se proposer de grand, de noble, de courageux de généreux, quand on est l'une des causes d'une grande illusion populaire, si ce n'est de prononcer un solennel *meâ culpâ*, quand bien même on devrait y perdre momentanément la faveur populaire, et pour toujours les grâces frauduleuses des escamoteurs.

Tant que les hommes d'avenir n'auront pas

trouvé le moyen de mériter ce que méritèrent autrefois les braves qui, au péril de leurs jours et au milieu des privations et des fatigues, délivraient la France de ses ennemis et répandaient au loin la gloire de son nom, je soutiendrai que les républicains auront plus de chances que qui que ce soit de gouverner la France. Ce qui tue le juste-milieu, les *deux cent vingt et un*, les *débats*, c'est leur réputation de couardise, et je n'entends pas par-là, je vous prie de le croire, que ce sont des preuves de courage *militaire* que j'attends de ce côté. La sphère du courage, de l'héroïsme, est large, et il y a de quoi choisir parmi toutes les zones qui la couvrent, mais il faut y avoir sa place, surtout dans des moments comme ceux-ci, si l'on veut être instrument puissant des destinées humaines. Bien des gens ont reproché aux hommes de Napoléon de n'avoir eu que du courage militaire et d'avoir manqué de courage politique ; mais que dirait-on un jour de nos hommes *politiques* s'ils manquent même du courage de leur profession ? Il ne faut pas gâter sa position, est une locution fort commode, au moyen de laquelle un général pourrait, à la rigueur, s'excuser de passer sa vie dans son lit; de même le député qui dirait : Mais si je dis aux électeurs ce que je pense d'eux, ils ne me rééliront pas et j'aurai gâté ma position ; de même aussi le conseiller d'État qui croit qu'il est bien placé pour rendre des services, et qui ne s'aperçoit pas que le plus grand service qu'il puisse rendre est quelquefois de se faire mettre à la porte du conseil; de même enfin le poëte qui veut à toutes forces l'applaudissement de son auditoire, et qui, comme Lamartine, dans les réunions des deux cent vingt et un l'année dernière, n'a su trouver que paroles louangeuses pour le juste-milieu, quand il avait de fort dures vérités à leur dire. Je suis certain que s'il leur avait dit tout ce qu'il pensait d'eux il aurait été hué par la majorité et peut-être par l'unanimité. Et moi-même, en ce moment, je suis certain que si vous montrez ce que je vous écris là à Rivet et à Lamartine, ils me trouveront fort injuste et un peu trop ridicule, et pourtant vous savez que je tiens à leur estime et à leur affection. C'est que le temps du mensonge touche à sa fin, comme celui de la *fainéantise;* nous approchons d'une action vraie, d'une politique franche et courageuse, et nous ne devons pas nous-mêmes être des escamoteurs de la vérité.

Je ne comprends pas très-bien pourquoi Rivet

dit que l'exploitation de tous au profit de tous est une très-belle théorie, mais qu'il n'y a que de l'eau à boire à la prêcher, puisqu'il ajoute que ceux qui la prêchent ne se contentent pas de boire de l'eau. Il y a dans tout cela une petite confusion qui tient à ce que Rivet lui-même se figure que la belle théorie dont il croit parler est celle qui est prêchée par MM. Arago, Laffite, Garnier-Pagès, etc., tandis que dans le fait ceux-ci ne prêchent encore que l'exploitation des chefs au profit des inférieurs, l'exploitation des riches au profit des pauvres, celle des vrais savants au profit des vraies brutes, en un mot la souveraineté du peuple qui n'est pas la plus parfaite théorie, mais qui donne en effet au moins du gros vin bleu à ceux qui la prêchent, et des poignées de mains, et des sérénades, accolades et autres salades et régalades populaires. Et voilà pourquoi il serait bon et pressant que les hommes qui ne veulent pas qu'on exploite une portion de la société, et la plus noble sinon la plus nombreuse au profit de l'autre, se hâtassent de compléter et ratifier M. Arago, c'est-à-dire de rattacher son morceau de théorie, arraché de la véritablement belle théorie, au vêtement dont M. Arago n'a qu'un fond de culotte de sans-culotte. C'est parce que M. Arago prêche quelque chose qui ressemble à une des pièces de l'habit Saint-Simonien qu'il faut se défier de lui, et c'est par la même raison que lui-même se défend comme un beau diable d'être Saint Simonien, et qu'il a saisi les occasions de me donner de grands coups de pied dans le dos.

Mais j'admets qu'il y ait en ce moment une belle théorie à prêcher et que cette théorie ne procure à ses prédicateurs que de l'eau bourbeuse et saumâtre comme celle des puits du désert de Suez, vous conviendrez que pour ceux qui n'ont jamais eu l'honneur de suivre Napoléon en Italie, en Egypte, en Russie, et qui depuis vingt-cinq ans n'ont pas eu une seule occasion de risquer un cheveu de leur tête et un écu de leur poche pour *la patrie*, ce serait une belle occasion à saisir, pour dire : Et moi aussi je suis un brave! Il y a beaucoup d'hommes aujourd'hui qui disent plus ou moins chaudement : Nous sommes dans une époque d'égoïsme, il n'y a plus de forte croyance, chacun ne songe qu'à soi, plus de devoir, plus de dévouement, etc., c'est très-beau à dire sans doute, mais si l'on reste soi-même sans foi, sans croyance, sans règle de devoir, sans dévouement, et craignant de boire de l'eau, on ne passera ni Arcole ni Lodi, on ne montera pas aux Pyramides, on ne sera pas maréchal de la France nouvelle, on passera comme l'illustre Lamourette ou tout au plus comme le comte de ***.

Adieu, je vous embrasse.

P. E.

CCLXXVIE LETTRE

A ARLÈS

Alger, 18 juillet 1840.

Changement de direction — deux de mes collègues sont tombés malades à Bone, l'un très-grièvement, l'autre légèrement ; nous avons voulu les ramener de suite ; le premier est toujours fort mal, l'autre est rétabli. Notre traversée a été rude d'abord, très-douce ensuite. Ma santé est fort bonne, comme à l'ordinaire. Je suis dans ma petite maison où je pourrai travailler à l'aise..

Samedi prochain j'aurai probablement à vous écrire, ne fût-ce que pour continuer, après avoir pris connaissance des nouvelles, ma lettre de Bone que je n'ai pas le temps de compléter et qui en a besoin. Vous aurez vu que j'y emploie une phrase célèbre de Michel (le solennel *meâ culpâ*), mais je tiens à ce que vous n'y voyez pas un simple renvoi de la balle qui m'avait été jetée dans le *meâ culpâ* dont je parle pour aujourd'hui ; il ne s'agit pas de moi, mais simplement du *moi* de tous les hommes qui donnent encore force au parlementaire, quand ils ont la conviction qu'il est pourri, et qui retardent ainsi la naissance de l'ordre qui doit succéder à ce désordre. Je prétends uniquement que nos amis sont des badauds, je l'ai déjà écrit à G....., pour lui qui se prélasse dans sa retraite, pour son père et pour tout le milieu optimiste au sein duquel personne ne manque de rien. Nous avons pu dire à Ménilmontant, quand il n'y avait plus de pain dans la huche, quand j'allais en prison, quand les autres allaient tourner la roue de l'ouvrier : Attendons ! mais quand on a valets et cuisine, argent en poche et croix à la poitrine, pied au conseil et main à la pâte, c'est ce qui s'appelle couardise. La peur de perdre ses places, son argent, et son valet de chambre, est mille fois pire aujourd'hui, et surtout en vue de l'avenir, que la peur des balles.

J'ai reçu à Bone votre lettre du 1-2 juillet contenant lettre de Michel et extrait du *Courrier de Lyon*; j'ai envoyé cette petite tartine à Urbain. Je vois que Michel a dit sa pensée *à de hautes notabilités*, mais c'est dans le creux de l'oreille; c'est bien sans doute de s'être ainsi confessé, mais le moment arrive où il faudra mettre son nom sur sa poitrine comme à Ménilmontant. Je suis enchanté pour Michel de sa visite à Vienne et Berlin. Je crois qu'il se trompe même *en fait* lorsqu'il dit que l'Algérie *n'a* pas dans notre politique l'importance que je lui donne et que c'est lui, au contraire, qui est influencé par sa position au milieu de ce qu'*on croit* être, mais de ce qui *n'est* pas la politique en France. Je ne me borne pas à dire que la politique française *devrait être* autre qu'elle n'est; je dis qu'*elle est* autre qu'*on* ne le croit, et que Michel lui-même ne le croit. Et pour cela je reprends ma comparaison avec le Directoire. Alors comme aujourd'hui, la politique n'était pas où on la croyait, Barras et même M. Rewbell ou M. Letourneur et leur illustre collègue Lepeaux, ne se doutaient pas de la politique qui se faisait sous leurs yeux et qui était bien réellement la politique du temps ; ils croyaient que la politique française était, à l'égard de l'étranger, de bien *défendre* la France, tandis que Napoléon savait déjà très-bien que pour défendre la France il fallait *envahir* l'Europe, et qu'il commençait déjà cette manœuvre qui était la vraie politique pleine d'actualité. Aujourd'hui, la politique française qui, grâce à la révolution française, est devenue politique européenne, est regardée encore par presque tout le monde comme ayant pour but, à l'extérieur, de chercher un certain nouvel équilibre entre les puissances européennes, à propos, il est vrai, d'une question orientale, musulmane ; mais par le fait la *politique* actuelle, réelle, c'est l'expansion de toute l'Europe sur le pays d'Islam, et même plus loin ; et les hommes qui pratiquent cette manœuvre font la vraie politique actuelle, non pas celle qui *devrait être*, celle *qui est*. Si Michel n'aborde pas Vienne et Berlin avec cette pensée, il rate ; s'il ne voit pas qu'il a à faire œuvre parallèle à celle de Lamoricière, et non à celle de tel ou tel député braillard ou journaliste couard, il est enfoncé ; s'il fait à Vienne et à Berlin de la politique qui ne soit pas Algérienne, Égyptienne, Strambouline, il fera de la blague parlementaire et rien de plus. Tout ceci est bien en effet un reflet de *ma* position, mais *pourquoi ma* position ici, pourquoi *mon* séjour en Égypte? Michel l'a oublié, et il faut qu'il se le rappelle ; il a oublié le système [1] de la Méditerranée, et a presque cru que N..... était plus près de la politique pratique, N..... le grand illuminé, l'extatique N... ., que lui, Michel, l'homme positif. Nous n'en sommes pas encore, au moins pendant un demi-siècle, à compter l'Amérique toute entière pour autant, dans la politique française, dans la politique européenne, dans la politique de tout le vieux monde, pour autant, dis-je, que l'Algérie.

J'embrasse femme et enfants et Holstein et vous de tout mon cœur.

P. E.

1. Ce système, publié dans le *Globe*, en mars 1832, est reproduit au sixième volume, page 55 de cette collection générale

CCLXXVII[e] LETTRE

A Ad. BLANQUI AINÉ, *l'économiste.*

Alger, 28 août 1840.

Mon cher Blanqui, je suis heureux de me trouver dans une position qui m'autorise et me pousse à reprendre avec vous des relations d'études *économiques*, et j'aime à croire que de votre côté vous aurez quelques plaisirs à recevoir des nouvelles d'un ancien collaborateur et d'un ami.

J'ai lu avec un vif intérêt le rapport de votre mission en Algérie; il devait être et il a été naturellement la base, le point de départ de la mienne; et je me suis félicité de voir combien la netteté des principes que vous avez posés, et la profondeur d'aperçus féconds que vous n'avez eu ni la volonté ni le temps de développer, m'aidaient à faire mon travail et à comprendre le pays et les populations que je suis chargé d'étudier.

C'est donc à vous en particulier que je crois

devoir adresser la première impression que près d'une année d'observations dans ce pays m'a fait éprouver. Si vous croyez utile de la communiquer à l'académie, comme un développement des idées principales que votre rapide voyage en Algérie vous a inspirées, je me trouverais bien satisfait d'être ainsi associé par vous-même à l'œuvre que vous avez si bien commencée, et que la mission dont je suis chargé me permet de continuer.

Lorsque la commission scientifique est arrivée en Algérie, nous sommes restés d'abord quelque temps à Alger. J'avais alors le plus vif désir d'étudier surtout cette ville, sa population, ses environs, et je m'y livrais avec ardeur, ayant aussi l'espoir, dès que la campagne commencerait, de parcourir toute la province. J'aurais donc éprouvé un assez grand désappointement, au moment où je reçus l'ordre de partir presque immédiatement pour la province de Constantine, si, depuis quelques jours, je n'avais été frappé, en relisant votre rapport, d'une idée qui avait modifié tous mes plans, tous mes projets, toute ma pensée sur l'Algérie.

Cette idée, la voici : vous dites (p. 85) « nous n'étions en Afrique, jusqu'à la prise de Constantine, que des dominateurs *maritimes*, c'est elle qui nous a faits conquérants. » J'ai compris alors qu'en effet, depuis la prise de Constantine, nous avions introduit dans nos possessions d'Afrique un élément nouveau qui avait (p. 85) « profondément modifié le caractère de notre établissement » ; que depuis lors seulement nous étions réellement possesseurs d'un *territoire,* tandis que nous n'avions été jusque là possesseurs que d'un *littoral.*

Alors j'ai compris aussi nos désastres de colonie *agricole*, lorsque nous n'étions pas possesseurs d'un *territoire*, et là où nous n'étions que des dominateurs maritimes.

Enfin j'ai senti que ce qu'il fallait surtout étudier aujourd'hui, c'était cette province, où, comme vous le dites encore (p. 84) « le sol, les hommes, le climat diffèrent sensiblement de ce qu'ils sont dans le reste de l'Algérie, » et où, (p. 89) « les couches épaisses d'une terre partout grasse et féconde se couvrent d'herbe au printemps et nourriraient une végétation admirable. »

Je suis donc parti, plein d'espoir dans l'exploration que j'allais faire, mais éprouvant un profond regret de ce que la grande pensée que vous avez émise soit restée jusqu'ici méconnue ou incomprise.

J'avais hâte de quitter le *littoral* pour connaître le *territoire;* de fuir les essais malheureux de colonisation *agricole* dans des possessions *maritimes*, pour voir cette *terre vierge* de colonisation et qui est si propre à la *culture;* j'abandonnais avec plaisir Alger, le centre des anciens colons, qui est encore le point de mire de colons futurs, Alger, le foyer absorbant de toutes forces pacifiques aussi bien que de nos forces militaires, pour aller visiter la modeste province de Constantine.

Depuis ce moment une foule de souvenirs historiques viennent confirmer la pensée que vous aviez fait naître en moi; aidé du savoir de mon collègue, M. le capitaine Carette, je me rappelais avec lui ces grandes conquêtes romaines, vandales, arabes, et je comprenais qu'il y avait plus que de la poésie dans cette exclamation que vous faites pousser aux ardents conquérants de Constantine : « La ville de Massinissa vaut bien la peine d'être prise d'assaut ! »

Oui, il y avait plus que de la poésie, dans l'ardeur qui nous entraînait à nous placer à Cirta, au point de rencontre des routes d'Hippone, de Carthage et de Cubes à Césarée, au premier rendez-vous des caravanes du pèlerinage musulman; il y avait plus que de la poésie à nous emparer de ces plaines immenses et fertiles, situées sur des plateaux généralement élevés, entre une double chaîne de montagnes, couvertes d'innombrables ruines qui rappellent une population et une production considérables et qu'habitent aujourd'hui des tribus qui semblent, par leurs habitudes de facile soumission et de travail agricole, par leurs mœurs relativement plus pacifiques que celles de tous les peuples de l'Algérie, porter l'empreinte de toutes les dominations qui ont précédé la nôtre, depuis vingt siècles, sur la côte africaine.

En cinq mois, par les circonstances les plus heureuses, et favorisés de l'excellent accueil de M. le lieutenant général, baron de Galbois, nous avons pu aller de Constantiue, presque à la frontière de Tunis, de Tipsa, et de là retourner par Constantine jusqu'à quinze lieues à l'ouest de Sétif, c'est-à-dire parcourir près de cent lieues de longueur par deux routes différentes pour l'aller et pour le retour, puis enfin revenir de Constantine à la mer par Guelmah et Bône, suivant ainsi ces grandes routes consacrées par l'histoire et où sont semées les traces de richesses et de puissance des anciens maîtres de la Numidie.

Vous avez raison ; le sol, les hommes, le climat diffèrent sensiblement ici de ce qu'ils sont dans le reste de l'Algérie ; nous avons vu comme vous (p. 96) « cette race bien supérieure aux arabes d'Alger par le caractère distingué de ses traits et de ses manières » et nous avons pu apprécier la *nature particulière* des indigènes de la province de Constantine (p. 97) ; comme vous, mieux que vous qui avez traversé la province de Constantine avec une simple escorte de huit hommes (p. 99), nous sommes allés de Sétif à Bone en voyageant un jour seulement avec des chasseurs et le reste du temps sans escorte ; enfin nous avons pu sans cesse nous écrier avec vous (p. 101) : « Tout est donc plus difficile à Alger qu'à Constantine ! »

Et d'où vient pourtant qu'à ce nom d'Algérie l'attention se porte immédiatement et presque exclusivement sur Alger ? D'où vient surtout que lorsqu'il s'agit de colonisation, personne n'imagine qu'il puisse être question d'autre chose que de la Mitidja ? Par quelle fatalité prodiguons-nous tous nos efforts productifs là où nous avons à lutter contre les plus grands obstacles à la production, la guerre, l'insalubrité, l'agiotage?

C'est, il me semble, parce que le problème colonial n'a pas été présenté dans ces termes simples : *sur quel point* de nos possessions africaines est-il *naturel* et *convenable* de diriger nos efforts de travail, de culture, d'industrie, en un mot de civilisation?

C'est aussi parce que nous avons subi l'influence de l'état dans lequel nous avons trouvé la régence d'Alger lorsque nous sommes venus y détruire glorieusement et libéralement, au profit de tous les peuples, la piraterie. La régence alors, c'était Alger, Alger la capitale des pirates, et rien n'était plus *naturel* et *raisonnable ;* et tant que nous n'avons possédé que Bone, Bougie, Alger et Oran, je le dis comme vous, notre établissement d'Afrique, ou plutôt notre abordage de la côte d'Afrique, avait un caractère purement maritime, qui devait donner au *port* d'Alger une espèce d'autocratie monopolisante. Mais, Dieu merci, nous n'avons pas à réorganiser ici la piraterie ; et aujourd'hui nous ne sommes plus seulement des possesseurs maritimes.

Je suis convaincu que si l'on s'était demandé

simplement quel est le côté de l'Algérie, où, probablement, l'on devra faire le plus longtemps la guerre, chacun aurait répondu : l'*Ouest;* et au contraire : quel est celui où la paix permettra le plus tôt et le mieux la culture, la colonisation? il y aurait eu également unanimité pour répondre : l'*Est*.

Je le sais, les affaires humaines ne marchent pas aussi simplement, aussi logiquement; et je conçois très-bien qu'après avoir pris Alger, avec la seule intention d'y détruire la piraterie, on se soit laissé entraîner à prendre Bone, Bougie, Oran, sans avoir, pour ainsi dire, de but, et surtout sans en avoir un aussi net que celui qui nous avait fait prendre Alger ; de même je comprends fort bien comment, lorsque nous n'étions encore maîtres que du *littoral*, nous avons voulu, prématurément, faire œuvre de possesseurs de *terre,* c'est-à-dire cultiver, coloniser; mais après dix années d'expériences cruellement douloureuses, n'est-il pas temps d'examiner si tous ces entraînements supportent le jugement de la raison, si l'on n'a pas obéi à des illusions, à des rêves, à des mensonges.

Ce n'est certainement pas le *hasard* qui nous a permis de nous étendre dans l'Est, qui a porté le théâtre de la guerre dans la provinee d'Alger et surtout vers l'ouest de cette province, et qui a réduit notre occupation d'Oran à deux points du littoral. En s'inspirant des leçons de l'histoire, de pareils résultats pouvaient être prévus, et ils ressortent aussi clairement de l'observation actuelle des différentes parties de la régence.

Vous l'avez si bien dit (p. 3) « Oran, Alger et Constantine avec Bone, correspondent à trois modes différents d'existence sociale : Oran au *commerce* extérieur, Alger à la *petite culture,* en attendant l'exploitation de la Mitidja, et Constantine à la *grande culture*, quand nous aurons des colons pour l'entreprendre. »

Et plus loin vous ajoutez (p. 14) « jusque-là (l'assainissement de la belle et perfide Mitidja) l'Académie peut être convaincue qu'il n'y aura pas de colonisation possible dans la Mitidja. » Donc ce qu'il y aurait à faire, dans la province d'Alger, serait tout au plus *d'assainir* la Mitidja, si l'on était d'ailleurs dans des conditions de sécurité qui permissent d'entreprendre ce travail ; et encore, des travaux aussi considérables, aussi dangereux, et qui auraient pour but de faciliter la *grande culture* dans cette province ne seraient raisonnables que si nous avions au moins commencé, et commencé avec succès, la *grande culture* dans la province qui est éminemment propre à la recevoir, celle de Constantine et Bone.

Cette fatale plaine de la Mitidja « que les Arabes n'ont jamais cultivée quoi qu'on dise (p. 67), qui exigerait des capitaux considérables et la culture raisonnée de nos fermes de la Beauce et de la Brie (p. 74); cette terre promise de l'Algérie, en vue de laquelle tant de colons sont morts, comme Moïse, sans pouvoir y entrer (p. 11), pourquoi donc exciterait-elle encore si exclusivement toute notre ambition *coloniale*, si c'est Constantine qui est réellement destinée à la *grande culture?*

C'est que, malgré l'effet très-puissant que votre rapport a produit, l'opinion publique n'a pas pu s'attacher immédiatement aux *principes* qui lui servent de base et quelle a saisi d'abord les observations de détails, si riches de faits et si judicieusement éclairés par une critique modérée, prudente et vraie.

Je n'ai donc réellement pour but, en désirant que vous donniez à ma lettre la publicité que vous jugerez convenable, que d'engager, pour ainsi dire, à une seconde lecture de votre rapport et d'appeler plus spécialement l'attention sur les idées générales qui vous ont servi à vous-même, pour vous rendre raison de l'état réel de nos possessions africaines, pour apprécier ce que nous y avons fait et pour indiquer ce que nous devons y faire.

Je vous ai dit que j'avais parcouru cette année une zone continue de grandes et fertiles plaines, depuis la Medjanah qui touche aux portes de fer, jusqu'à la grande plaine des Haractas qui se termine près de Tipsa, presque aux frontières de Tunis. Cette zone retourne vers la mer par Guelmah et l'immense plaine de Bone, et forme ainsi, d'une part, l'enceinte des chaînes du petit Atlas, habitées par les *Kabyles*, et de l'autre la bordure des chaînes du grand Atlas, dans lesquelles et au delà desquelles sont les *Arabes*. Pour vous la faire mieux connaître, permettez que je transcrive ici l'extrait d'un rapport que j'ai adressé à M. le colonel Bory de Saint-Vincent.

« Pour étudier la population de la province de Constantine, j'ai dû chercher d'abord quelle était la classification générale à laquelle je devais la soumettre; et je me suis promptement arrêté à celle qui était justifiée par des différences de *langage*, par des conditions *géographiques* et *historiques* particulières, par des usages de *culture* et d'*habitation* bien distincts, enfin par le témoignage *moral* du degré de l'estime que professent, les unes à l'égard des autres, ces diverses parties de la population. »

« Trois *langues* ou idiômes différents sont « parlés dans la province de Constantine.

« Trois *zones* principales divisent le territoire de la province, et correspondent, malgré la rectification que nos géologues et géographes pourront faire subir à l'ancienne idée des deux Atlas, correspondent, dis-je, à la condition géographique de grandes plaines entre deux chaînes ou séries de chaînes de montagnes.

« Ces trois zones paraissent avoir subi différemment les grandes commotions *politiques*, c'est-à-dire les invasions que l'histoire nous raconte; dans ces trois zones, la *culture*, l'*habitation*, les conditions *climatériques* sont différentes.

« Enfin parmi ces populations qui se désignent elles-mêmes par trois noms différents, l'une d'elle s'estime plus *noble* que les deux autres, et semble conserver les honneurs d'une ancienne domination; une autre, au contraire, est considérée par les deux autres comme *servile;* la troisième prétend, sinon à la plus noble, au moins à la plus *ancienne origine* :

« Ce sont les Arabes, les Chaouias, et les Kabyles.

« Quoique la délimitation de la partie de la province occupée par chacune de ces trois classes ne puisse être décrite ici d'une manière régulière, et que les lignes que je vais indiquer soient quelquefois brisées par des mélanges qui ont d'ailleurs une raison, voici cette classification que je rendrai plus tard très-sensible sur une carte teintée dont je m'occupe.

« Les Kabyles habitent tout ce qui est dans l'intérieur de la Courbe, qui, partant de Bougie, en passant par le Babour, longe la route de Sétif à Constantine par Milah, et ensuite la route de Constantine à Bône par Guelmah, c'est-à-dire tout ce pâté *montagneux,* Sahel de Constantine.

« Les Chaouias occupent presque toutes les *plaines* qui se trouvent en dehors de cette ligne, depuis Guelmah à Tipsa par Tifech, et depuis Tipsa jusqu'à Sétif, sur une longueur de près de cent lieues.

« Enfin les Arabes, dont quelques tribus sont

campées dans la zône précédente, et particulièrement au voisinage des grands centres de population et des principales voies de communication, et par exemple sur les routes qui conduisent au *désert*, leur véritable domaine, les Arabes qui entourent Bône, Constantine et Sétif, et qui par les *Semouls* sont sur la route de Biscara, ont cependant leur siége principal au midi des *Chaouias* entre eux et le *Grand Désert*.

« Jusqu'à présent les Kabyles et les Arabes ont été fréquemment étudiés; j'avais donc un intérêt tout particulier à m'occuper spécialement des Chaouias; d'ailleurs les événements qui se passaient dans la province, tandis que nous y étions, les deux expéditions auxquelles le général de Galbois a bien voulu nous laisser prendre part, me faisaient précisément voir le pays et les hommes qui avaient pour moi le principal intérêt scientifique; et en effet, lorsque nous allions de Constantine presque jusqu'aux frontières de Tunis, et que nous étions rejoints par une colonne, partie de Guelmah; lorsqu'ensuite nous allions de Constantine à Sétif, par les Abd-el-Nour, les troupes françaises traversaient, dans ces deux expéditions, presque tout le pays que j'ai indiqué plus haut comme le siége des tribus Chaouias. Ainsi depuis les Nemenchas, tribu chaouia près de Tipsa, et les Etmathas, également chaouias, qui sont vis-à-vis de Keef, nous allions vers Sétif en traversant les superbes plaines des Haractas, des Seguias, des Telagmas et des Abd-el-Nour, c'est-à-dire quatre tribus seulement, très-considérables, occupant de riches et vastes plaines, sur une ligne de près de 80 lieues et toutes quatre chaouias; et nous laissions, entre Guelmah et cette grande ligne, les Sadratas, les Ouled-Daoud, les Béni-Guicha, les Ouled-Dhann, les Beni-Oudjena, les Achaiches, les Sellawa, les Ouled-Yacoub, les Ouled-Sotthan chez les Nbeils, et les Beni-Barbar et les Ouled-Kriar chez les Hannenchas; c'est-à-dire une multitude de tribus chaouias qui composent presque tout ce qu'on appelle aujourd'hui le cercle de Guelmah.

« D'un autre côté les souvenirs historiques et les nombreuses ruines que nous rencontrions dans ces courses, me disaient, aussi bien que les circonstances particulières où nous visitions ces lieux, que de tout temps c'était là le siége des grandes invasions, le premier et le plus riche atelier de travail du vainqueur, et que, si j'étais là sur la grande voie de communication de Carthage et d'Hippone à Césarée par Cirta, je voyais aussi la base de la puissance française dans la province de Constantine. »

Et en effet, cette zone, qui a des caractères *géographiques, historiques* et *ethnographiques* si particuliers, est également remarquable sous le rapport *militaire*, puisque c'est là que se trouvent tous nos camps, sauf ceux de la route de Philippeville à Constantine; elle est en outre la terre de la *grande culture*, et son élévation, sur le plateau intermédiaire des deux séries de chaînes de montagnes qui forment les deux atlas, la rend généralement très-*saine;* enfin, je le répète, les tribus qui l'habitent appartiennent presque toutes à une population qui se distingue des tribus arabes et kabyles par des mœurs plus pacifiques et des habitudes plus soumises, comme si cette population qui occupe les grandes voies de communication de la Numidie, dont j'ai parlé plus haut, portait l'empreinte de toutes les dominations successives qui ont dû plus particulièrement régner sur elle.

Et pour vous donner une idée de l'importance de ces tribus, vous savez que dans la rahzia de cette année, faite chez les Haractas, il a été pris à cette tribu environ 60,000 moutons, qui, au dire de tous les indigènes, n'ont pas fait un vide appréciable dans ses innombrables troupeaux.

Remarquez encore, et ceci me paraît important, que les Kabyles *montagnards* et les Arabes *nomades* méprisent comme serviles ces Chaouias *cultivateurs;* et que par conséquent la position de ceux-ci, entre les Kabyles et les Arabes, c'est-à-dire entre les deux portions de la population qui sont le plus insoumises et belliqueuses, est une condition admirable de tranquillité politique dans la province.

Combien il m'est arrivé souvent, lorsque je parcourais ces immenses plaines, de regretter que la plupart des hommes qui ont écrit sur la colonisation de l'Algérie ne les aient jamais vues, et n'en aient même, pour ainsi dire, jamais entendu parler. Et lorsque je lisais partout des éloges, fort mérités d'ailleurs, sur la tranquillité dont jouit la province de Constantine, je me demandais avec chagrin si l'on attendait que cette tranquillité fût troublée pour commencer à faire connaissance avec les richesses que renferme cette province modeste et ignorée.

En France, vous le savez, nous accordons

volontiers l'estime et la considération à ce qui est modeste et tranquille; mais nous sommes ordinairement entraînés à croire que là où est le mouvement, l'agitation (l'illustre Broussais aurait dit l'*irritation*), là seulement est la vie par excellence, celle qui appelle nos soins, nos travaux, nos dépenses, nos sacrifices. Vous même vous dites en parlant d'Alger (p. 89) : « On sent en parcourant cette ville africaine que sa vitalité a quelque chose d'énergique qui annonce la richesse et la force. » Est-ce que cette énergie ne serait pas fébrile? n'est-elle pas entièrement due au courant qui traverse Alger et qui porte les armes et les soldats de la France sur ce champ de bataille et de destruction perpétuelle et non de culture et de production, qui s'appelle la Mitidja? Elle prouve bien que nous dépensons ici beaucoup de richesse et beaucoup de force, mais la vie n'est pas là où l'on ne fait que dépenser et où l'on ne puise pas la richesse et la force; au contraire, là est la mort, glorieuse si vous voulez, mais inévitable.

La province de Constantine jouit donc de l'estime publique, elle est rétribuée en considération; la ville d'Alger est rétribuée d'une autre manière; mais ce qu'elle consomme surtout d'une façon vraiment monopolisante, c'est l'attention publique.

Loin de moi toutefois l'idée de jeter aucun blâme sur la sage réserve qui a mis, pour ainsi dire, la province de Constantine en interdit colonial, qui l'a soustraite à l'agiotage, qui l'a conservée vierge pour une époque où de funestes expériences, faites ailleurs, auront permis d'entreprendre sur un plan raisonnable ce qui a été fait sans plan, sans ordre, dans la province d'Alger. Mais cette paix inféconde ne pourrait-elle pas être prolongée outre mesure? ne peut-on pas faire ici trop tard, ce qu'ailleurs on a essayé trop tôt? Je me réjouis de ce qu'on *n'a rien fait* à Constantine, autant que je déplore *ce qui a été fait* à Alger; mais peut-être est-il temps *de ne plus rien faire* à Alger, et *de faire* à Constantine.

Or, je vois que c'est pour une enceinte de la Mitidja qu'on projette des travaux considérables; j'entends compter les millions de francs et les milliers d'hommes qu'il faudra jeter dans ce vaste marais pour l'assainir; je vois les plans et déjà les travaux d'un port majestueux à Alger, lorsque Philippeville possède à peine un débarcadère, lorsque chaque hiver est signalé par de nombreux sinistres dans le port de Bône, enfin, et par dessus tout, il est question de colons et sociétés coloniales qui brûlent encore de la funeste passion de la Mitidja.

Est-ce que nous n'avons pas en Algérie des plaines aussi vastes, plus fertiles, plus saines, où la sécurité existe déjà, où la propriété est vierge de tout trafic, où il est possible et facile même de profiter des fautes commises, où l'on peut substituer l'idée de villages, de villes à la grande erreur des *fermes isolées*, où l'esprit d'association, et la plus grande de toutes les associations, le gouvernement, peuvent entreprendre avec ensemble, avec ordre, ce que l'esprit de spéculation individuelle, l'ambition égoïste, le jeu, n'auraient pas même pu accomplir dans la Mitidja, avec la sécurité la plus complète?

Mais, direz-vous peut-être, c'est changer le système qui a jusqu'ici été si heureusement suivi à Constantine. Examinons donc, s'il y a eu et s'il y a système, à Constantine aussi bien qu'à Alger, et quels sont ces systèmes.

Vous dites (p. 99) : « le système de Constantine est fondé sur l'exploitation des indigènes par eux-mêmes, avec l'aide de quelques troupes, à la manière des Anglais dans l'Inde; celui d'Alger consiste à substituer les colons européens aux naturels, comme ont fait les Américains des États-Unis en expulsant peu à peu les Peaux-Rouges. »

Je crois que vous êtes parfaitement vrai en dépeignant le système d'Alger comme vous l'avez fait; c'est le système de *refoulement* qui se pratique ici. Mais remarquez-le bien, tout le monde n'en convient pas, personne ne le prêche ouvertement, officiellement; on se l'avoue à peine; on arrive au refoulement, bon gré mal gré, en commençant par la *fusion;* le refoulement n'est pas même un système; c'est au contraire le résultat pratique d'actes conçus sous l'empire d'un autre système, celui de la fusion, dont la ville d'Alger est toujours l'officiel symbole. Vous attribuez ce résultat, le refoulement, particulièrement aux colons, et vous avez encore raison, quoique ce ne soit peut-être dans l'intention d'aucun d'eux.

Mais je crois que vous n'avez pas été également vrai, et vrai de la même manière, dans la définition que vous donnez du système de Constantine. Du moins, ici, n'avez-vous exprimé que la théorie et non la pratique, l'apparence, non la réalité, ce qui se dit, et non le *résultat* auquel, bon gré, mal gré, on arrive.

Le gouvernement des indigènes par eux-mêmes n'a été jusqu'ici qu'une prétention, comme la *fusion* à Alger ; prétention de très-bonne politique à Constantine, sans contredit, mais qui perd chaque jour un peu de sa valeur, même comme prétention. Vous en serez convaincu si vous remarquez d'une part que nos chefs indigènes n'ont, en général, d'autorité que si nous leur prêtons main-forte, soit pour la perception des impôts, soit même seulement lorsqu'ils veulent visiter les parties de la province dont nous leur avons confié ce qu'on nomme l'administration ; et d'une autre part, que nous avons déjà des officiers français qui administrent des portions de la province et qui s'en acquittent plus habilement, plus facilement et certainement d'une manière plus désintéressée et plus française que les chefs indigènes, par exemple le commandant du cercle de Guelma, M. Herbillon. Ajoutez que la tendance du gouvernement paraît être, heureusement, d'augmenter peu à peu le nombre de ces chefs français, à mesure qu'il rencontrera, dans des officiers, la capacité spéciale et le dévouement nécessaires à une tâche aussi noble et aussi difficile ; et j'ai assisté moi-même avec grand intérêt à l'installation de M. le capitaine d'état-major Saint-Sauveur, comme kaïd de la tribu des Edrid.

D'ailleurs, ce serait une erreur de croire que le général commandant à Bône, le colonel commandant supérieur de Philippeville, et les officiers qui commandent nos principaux camps, ne sont pas déjà les véritables chefs des indigènes, quoique en effet cette position demande peut-être à être régularisée d'une manière plus convenable.

Le système suivi jusqu'ici dans la province de Constantine, ou plutôt le résultat obtenu, n'est pas l'exploitation ou l'administration des indigènes par eux-mêmes, c'est leur *pacification* par une autorité militaire française.

Certainement ce système ou ce résultat a été excellent, fort heureux et fort habile, mais est-ce le dernier ou seulement le premier mot de la France sur la province de Constantine ? là est toute la question.

Le système de refoulement de la province d'Alger n'était pas un système arrêté à l'avance ; au contraire, celui qui a présidé officiellement à tous les actes de nos premières années a été le système de *fusion* des Français et des indigènes dans les campagnes aussi bien que dans les villes; et c'est parce que ce dernier système était impossible que tous les essais de fusion n'ont produit qu'un refoulement.

Et de même, le système d'administration des Arabes ou du gouvernement du pays par le pays a été proclamé comme étant celui qui devait présider à l'organisation de la province de Constantine; et ce système, aussi impossible que celui de la fusion à Alger, aurait tendu simplement à la désorganisation, si, contrairement au système, l'autorité militaire française n'avait pas corrigé par sa pratique quelques-uns des inconvénients inévitables du système.

En ce moment même, malgré la tranquillité politique dont nous jouissons, on ne saurait se dissimuler que les tribus sont désorganisées, que l'autorité des scheicks y est à peu près nulle, et que les liens hiérarchiques qui devraient rattacher les scheicks aux kaïds et les kaïds aux khalifats, sont à peu près aussi faibles que l'autorité de ces kaïds et khalifats, grands feudataires, généralement repoussés et exécrés par leurs vassaux.

La tendance à introduire des Français dans l'administration du pays, et par conséquent à ne plus exploiter (le mot est vrai et vous l'avez bien choisi) les indigènes par eux-mêmes, est une preuve que cette désorganisation des tribus est reconnue, qu'on en sent la cause principale et qu'on y cherche un remède ; seulement il est certain que pour substituer une administration française à ce simulacre d'administration indigène, il faudrait qu'on eût un plan et un cadre administratif, conçus de telle sorte que les officiers capables de remplir cette utile mission y fussent appelés et encouragés, et y trouvassent une carrière fructueuse et glorieuse, sans compromettre leurs droits acquis et leur avancement. En d'autres termes, il faudrait un règlement colonial qui fût l'analogue (je dis l'analogue et non la copie) du règlement exceptionnel qui régit les troupes de la compagnie des Indes ; alors on pourrait imposer cette condition si raisonnable, si indispensable, dont vous parlez, lorsque vous dites (p. 102), « aucun poste ne devrait être confié en Algérie dans quelques années, à des employés étrangers à la langue du pays. » On le pourrait, parce que les officiers verraient là un avenir et une compensation à des travaux auxquels on se livre généralement peu (nous autres Français surtout), quand on a atteint âge d'homme.

N'oublions pas que lorsqu'on a formé les zouaves, ce sont des hommes tels que MM. Duvivier; Lamoricière, Bigot, Cavaignac, Marret, tous officiers d'armes d'élite, qui se sont élancés dans cette voie et que tous ont bien vite su l'arabe, parce qu'ils ont fort bien senti que c'était là l'école et la langue des hommes qui voulaient exercer un jour une grande influence sur l'Algérie.

Je viens de raisonner comme si notre gouvernement et notre population de la province de Constantine ne devaient être que militaires ; si cette organisation toute militaire était d'une absolue nécessité, j'ai montré qu'il fallait s'occuper, au plus tôt, de modifier nos règlements militaires par des dispositions spéciales à notre colonie, de manière à faire surgir promptement des rangs de l'armée les hommes capables d'administrer le pays, en leur ouvrant une carrière sûre et honorable. Mais est-ce une nécessité absolue ? Entre le système de *fusion*, impossible à Constantine comme à Alger, et le système de *refoulement*, qui est devenu fatalement inévitable à Alger, ne pourrait-il y avoir, pour Constantine, une espèce de moyen terme, que je nommerais volontiers système de *contact à distance,* qui échapperait aux incompatibilités de mœurs, d'usage, de croyance, incompatibilités qu'une fusion exalte et qui poussent au refoulement ? En un mot, la France peut-elle ici se proposer de *coloniser,* de transplanter dans cette belle province l'industrie, la culture, la science même, enfin tous les éléments pacifiques de civilisation ; peut-elle coloniser de telle sorte que les efforts dans cette direction soient de nouvelles conditions de sécurité et de bien-être pour nous et pour les indigènes ?

Je le crois et je l'espère. — Oui, nous pouvons entreprendre dans la province de Constantine ce qu'elle seule comporte, la colonisation agricole, territoriale, pour laquelle la province d'Alger n'offre que cette terrible plaine de la Mitidja, qui dévorerait pour son assainissement seul, avant culture, plus d'hommes et plus d'argent qu'elle n'en a déjà coûté ; nous pouvons vérifier ce qu'étaient en effet ces riches plaines de la Numidie, et voir si elles peuvent être le grenier de notre nouvelle France, comme elles étaient celui de la seconde Italie.

Mais alors, hâtons-nous de détourner vers Constantine l'activité qui nous a poussés jusqu'ici vers Alger et qui nous y a été si funeste; agissons, ne nous bornons pas à *rester tranquilles;* portons là notre attention, nos soins, tous nos efforts *pacifiques*, tandis que nous laisserons à la guerre le théâtre où elle seule a sa place, où le travail ne saurait réussir, où le travailleur ne trouve ni sécurité, ni salubrité, ni même fertilité autre que celle qui enfante les joncs, des ronces, le cactus et l'agave.

Je ne voudrais pas que ce détournement de notre activité *pacifique* et *productive*, vers la province de Constantine, vous fît croire que je songe à un abandon d'Alger et de sa province; Dieu m'en garde! Constantine elle-même ne serait plus tranquille, le jour où nous ne serions pas en mesure de vaincre tout ce qui oserait traverser, de l'ouest à l'est, la ligne qui joint Alger à Titery; ma seule intention, je le répète, est de confirmer, développer, éclairer, si je puis, votre classification déjà si nette des trois provinces: Oran *port commercial*, avant-poste militaire, tourné vers Maroc, c'est-à-dire le lieu de secours et de refuge de notre ennemi en Algérie. Alger *port militaire*, entouré de *petite culture,* ne permettant la grande culture qu'après l'assainissement de la Mitidja (bien entendu après que ce travail aura été jugé opportun et plus important à faire que tout autre travail de grande culture en Algérie); Alger centre *maritime* de notre possession africaine, et arsenal de nos armées de terre, chargées spécialement de garantir *l'est* de toute atteinte. Et enfin, la province de Constantine, véritable et seule possession *territoriale* de la France en Algérie, terre propre à la *grande culture,* dès que nous aurons, ainsi que vous le dites, des colons pour l'entreprendre.

Laissez-moi, je vous prie, résumer encore une fois la dernière partie de ma lettre.

Je me suis efforcé de démontrer que le système suivi à Constantine n'était pas plus celui du gouvernement du pays par le pays, que celui d'Alger n'est le système de fusion, rêvé pendant longues années, parce qu'une idée fausse, sous ce rapport, peut avoir des conséquences très-graves. Ainsi il est d'usage d'attribuer la tranquillité dont nous jouissons dans la province de Constantine à ce qu'on la croit administrée par des indigènes; non-seulement ceci n'est pas vrai, mais cela n'est même pas juste à l'égard de l'autorité française; j'ai dit qu'on avait essayé d'administrer par des Arabes, comme on a essayé à Alger de fondre les Arabes avec les Européens, et non-seulement je suis convaincu que cette tentative était, à Constantine, d'une fort bonne politique, mais même qu'on ne pouvait commencer que par là. Cependant, chaque jour on s'est aperçu davantage, ou que cette administration n'administrait pas, ou bien que là où elle administrait, elle le faisait par des procédés qui exigeaient de notre part une surveillance de plus en plus grande et qui appelaient même la substitution d'une administration française à une administration indigène.

Or, comme l'opinion publique semble aujourd'hui convaincue de l'excellence du système quelle croit suivi, il en résulte qu'elle fera obstacle à toute tentative qui semblerait le modifier. Ainsi, elle ne se prêtera pas aux efforts que l'on fait déjà, mais que l'on pourrait faire d'une manière plus large, pour placer à la tête des tribus et des cercles des officiers français, mais encore elle luttera aveuglément contre toute tentative de colonisation, par cela seul que la colonisation modifierait naturellement le prétendu système d'administration indigène.

Ainsi on dira : nous sommes tranquilles à

Constantine; continuons, ne changeons rien, le mieux est l'ennemi du bien; laissons les Arabes se gouverner eux-mêmes, et ne songeons pas à cette colonisation qui produirait à Constantine des résultats plus funestes encore qu'à Alger. Or, tout ce raisonnement repose sur une base fausse, le prétendu système, et sur l'ignorance de l'incontestable supériorité de la province de Constantine sur celle d'Alger, sous le rapport de la facilité à y introduire la *colonisation par grande culture.*

C'est donc sur ces deux points que j'ai cherché à appeler l'attention.

Il m'appartient moins qu'à vous encore de m'écarter de l'examen de l'*état économique* de notre colonie; aussi me garderai-je de m'occuper des différents systèmes politiques d'extension, de restriction ou d'abandon, de colonisation militaire ou civile, de défense par colonnes mobiles ou par murailles ou fossés; je crois toutefois qu'il est utile et convenable que les *économistes* fassent observer que les différents systèmes politiques proposés ou appliqués jusqu'ici, n'ont pas tenu compte de la question purement *économique*, que vous avez si clairement résolue, et que je me suis efforcé de développer et de confirmer; savoir: *Quel est le point de nos possessions africaines qui présente le plus de chances de succès pour la colonisation agricole?* Certainement des nécessités politiques pourraient s'opposer à ce que la France songeât à coloniser la régence d'Alger; mais si elle veut la coloniser, il est évident quelle doit et aurait dû s'enquérir d'abord du point par lequel il fallait, *économiquement parlant*, commencer. Vous l'avez nettement indiqué, mais malheureusement, je le répète, c'est la partie de votre rapport à laquelle l'opinion publique me semble s'être le moins attachée, et qui a, selon moi, aujourd'hui surtout, la plus grande importance.

J'ai appris que le prince royal, au passage des Portes-de-Fer, avait dit, en parlant de la province de Constantine, dont il venait de traverser les grandes plaines de l'ouest: « Il est fâcheux que nous n'ayons pas commencé par cette province. » Ce regret signale une erreur qu'il s'agit de réparer et qui est réparable; mais il est temps! De nouveaux efforts de colonisation à grande culture seraient inutiles et même impossibles partout ailleurs; n'en pas faire dans la province de Constantine, ce serait la conduire inévitablement à une situation semblable à celle d'Alger et d'Oran.

Tous les membres de la commission scientifique qui ont exploré cette province sont revenus unanimes sur cette pensée que là était l'avenir pacifique, agricole, productif ; en un mot, l'avenir vraiment civilisateur de la France ; et il ne m'est pas arrivé encore de rencontrer un seul homme, connaissant bien cette province, qui ne partageât complétement cette opinion ; malheureusement, Constantine n'a pas eu pour se faire connaître ces intérêts ou ces ambitions qui parlent haut ; la *fortune* ne l'a pas visitée et n'a rien dit pour elle, et la *gloire* s'est tue après avoir crié : la ville de Massinissa est prise !

E. P.

BILLET D'ENVOI

Mon cher Blanqui, je charge mon ami Arlès de vous remettre cette grosse lettre, sur laquelle j'ai quelques mots à vous dire.

Nous avons ordre de n'adresser de travaux aux académies que par l'intermédiaire du ministère. J'ai donc dû y envoyer copie de la lettre dont Arlès vous remet l'original. Si vous jugez qu'il soit possible et convenable d'en donner lecture à l'académie, et si le ministre ne vous l'envoyait pas, ayez la bonté de passer au ministère pour la réclamer.

Si l'on se refusait à en permettre la communication à l'académie, il est bien entendu alors que l'original que je vous adresse sera pour vous seul et que vous ne considérerez ce gros mémoire que pour ce qu'il est d'ailleurs, un témoignage de la vieille affection de votre tout dévoué.

P. E.

CCLXXVIII[e] LETTRE

A ARLÈS

Alger, 7 septembre 1840.

Mon cher ami, je suis assez d'accord avec vous sur le tableau, que vous me faites, de la grande politique universelle, qui occupe, à si juste titre, les esprits élevés? Cependant, il me semble que vous avez vu ce tableau un peu trop par le côté grossissant de la lunette, par son côté royal, princier, diplomatique. Le canon est encore la dernière raison des rois, des empereurs et des ministres, mais décidément ce n'est plus celle des peuples, et malgré l'autocrate du Nord, le grand batailleur, les peuples ont voix aux affaires. C'est bien d'armer sans contredit, puisqu'il y a des rois batailleurs, mais c'est encore mieux de compter et de s'appuyer sur la *raison des peuples;* ou du moins faut-il mener les deux choses de front, si l'on veut être grand dans ce temps. Je repousse donc de toutes mes forces cette idée que l'époque actuelle est incompatible avec les idées de travail, et qu'elle doit absorber entièrement l'homme sous le schako. Même pour que le bon peuple de France fasse bien la guerre, il faut qu'il ait autre chose dans l'âme que le désir de se venger d'un soufflet (qu'il lui est permis de considérer même comme donné plus à ses maîtres qu'à lui); il faut qu'il sente que la cause qu'il soutient est *sa* cause et qu'elle est aussi celle de tous les peuples; — il a été bon soldat sous l'Empire, parce qu'il était animé d'une passion de ce genre; il sentait qu'il avait conquis sa dignité d'homme, qu'il avait proclamé l'égalité de tous, quelle que soit la naissance et en raison seulement du mérite, et il tenait à défendre ce *droit* qu'il sentait attaqué et à en doter tous les peuples, ses frères. Je sais bien qu'on dira au peuple que c'est encore tout cela qu'il faut défendre ; que Nicolas est un Cobourg et Palmerston un Pitt ; mais c'est du vieux, le peuple n'est pas si niais ; il sait très-bien que c'est chose jugée, finie, conquise ; et que si Henri V revenait à la queue de Nicolas, il serait plus libéral que Louis XVIII revenant d'Angleterre.

Depuis 1830, il y a quelque chose de neuf dans le monde, comme il y avait du neuf en 1793. Plus petit ou plus grand, ce n'est pas la question, il y a du neuf; il y a eu un effort de restauration, de retour au *passé* tout à fait impuissant, et il y a eu un élan vers l'*avenir*. C'est celui-ci qu'il s'agit de sentir, de développer et d'utiliser politiquement, comme on a utilisé la *liberté*. Cet élan vers l'avenir, c'est ce qui a fait dire de notre gouvernement qu'il voulait la *paix à tout prix ;* c'est ce qui a fait les émeutes de Lyon, et même celles de Paris, car l'*ouvrier* est là aussi ; c'est ce qui a mis Laffitte et Périer, *banquiers*, à la tête du mouvement de 1830; c'est ce qui a créé les chemins de fer, les bateaux à vapeur, et fait de la *réduction de la rente* et de la loi des sucres les questions de plus haute politique, les écueils où venaient échouer les ministères ; c'est enfin ce qui nous a donné un roi administrateur, économe, bâtisseur, constructeur, plus *producteur* que jamais roi n'a été.

C'est cet élan qui *empêchera* la guerre, ou du moins c'est certainement lui qui *l'arrêtera*.

Voyez ce que pense déjà la masse de notre population laborieuse de la charge que nous oblige à porter la vengeance de notre coup d'éventail d'Algérie ; et pourtant il ne s'agit ici que de quelque trente à 40 millions annuellement, avec quelques milliers d'hommes; que serait-ce donc s'il s'agissait d'une guerre européenne à la Napoléon, à mille hommes par jour? — Certes la France la ferait encore cette guerre, jusqu'au dernier homme, jusqu'au dernier écu, si le motif était nettement senti, s'il répondait à quelque chaude passion de cœur de notre brave peuple, je ne dis pas même qu'aujourd'hui tous nos prolétaires ne se levassent en masse si on leur disait : Les Anglais veulent vous *empêcher* d'aller aux Indes par l'Égypte, et les Russes vous *défendent* d'aller en Perse par l'Asie-Mineure. M'empêcher, me défendre ! sacré mille noms de...! qu'est-ce que c'est que ces gens-là? Je m'en vais leur en donner de l'Inde, et de la Perse et de la Chine. — A la bonne heure, je conçois cela ; — mais je réponds que si le motif de la guerre était ainsi rédigé, la guerre serait infaisable, parce que la solution *industrielle* de cette grande question politique serait immédiatement découverte par le plus ignorant canut, qui dirait : Allons faire un canal chez Méhémet-Ali et un chemin de fer chez le Sultan.

En d'autres termes, je soutiens que si, pour notre époque éminemment industrielle, notre gouvernement a la sagesse de ramener la question politique à une question de commerce, de liberté de parcours et d'échange, et en même temps d'*indépendance* des peuples orientaux (car nous avons toujours dans le cœur le souvenir de Mirabeau, promettant à tous les peuples que notre glorieux drapeau *d'indépendance nationale* ferait le tour de la terre), je soutiens, dis-je, qu'en s'appuyant sur le *sens* industriel, sur la *raison* pratique de l'homme d'affaires, on ruinera toutes les ruses de la diplomatie de chancelleries, et l'on sera compris par le peuple, par l'ouvrier ; que si même alors il faut se battre, l'ouvrier prendra son fusil et aura du cœur à l'œuvre.

Rappelez-vous ce que j'écrivais dernièrement à Saint-Cyr, sur l'opportunité du projet d'institut scientifique d'Égypte à fonder, sous l'influence de la France, en ce moment même, où la guerre semble le plus menaçante ; joignez-y une négociation et des études pour la plus prompte exécution possible d'un canal des deux mers ; ajoutez-y encore un envoi d'ingénieurs à Smyrne et à Constantinople parcourant l'Asie Mineure ; et je vous réponds qu'à dépenses égales, cela vaudra mieux qu'un régiment et un vaisseau de ligne.

Mais ce n'est pas tout, mon intention n'a pas été, en repoussant l'absorption actuelle du schako, de prétendre qu'il n'y avait œuvre de travail pacifique à faire ou parole industrielle à dire qu'à propos de la question d'Orient et directement pour elle ; j'admets même très-bien que tout ceci puisse être contesté et regardé comme éminemment secondaire ; mais n'oublions pas que tout en faisant la guerre, et quelle guerre! Napoléon faisait *un Code* qui instituait légalement, qui organisait théoriquement les sentiments nés de la Révolution française ; n'oublions pas qu'il fondait l'*éducation publique*, sur la double base de son despotisme militaire et de notre égalité civile ; qu'il organisait une *administration ;* enfin qu'il n'était pas absorbé par sa gloire de soldat et qu'il modelait la France, selon les *principes* admis et dans le *but* que lui-même se proposait.

Oui, la France *industrielle* réclame qu'on s'occupe d'elle au plus tôt ; la guerre la plus imminente, loin d'être un motif pour remettre à de meilleurs jours, est un motif pour se hâter, pour prouver promptement qu'on est vraiment l'homme de la France *actuelle*, pour faire comprendre qu'on la sait et qu'on l'aime tout entière, dans son honneur et dans ses *intérêts*. Je sais tout ce qu'un pareil langage peut avoir d'apparence antichevaleresque, mais il est vrai ; je ne me fais pas de notre monde actuel une idée autre que celle qu'il comporte ; je ne fais pas d'utopie ; je regarde nos Chambres, notre garde nationale, nos électeurs, la Bourse, la presse, et je dis : Si vous ne songez *qu'à* l'honneur, ne comptez pas sur tout ceci.

Peut-être si vous ne songiez qu'à l'honneur,

pourriez-vous vous passer de *tout ceci*, mais à quelle condition ? Il y a derrière *tout ceci*, une masse, un peuple qui n'a pas d'*intérêts* et qui est sensible à l'honneur. Oh ! si vous étiez *son homme*, s'il vous savait ami de sa vie pénible et misérable, s'il vous voyait dans ses ateliers, à sa tête ; sur ses grands chantiers, beau, fier, noble et bon, comme vous l'étiez au retour des Bibans, sur la table de votre dîner monstre, Prince, ce peuple vous suivrait au bout du monde ; non-seulement pour venger *son* honneur, mais pour venger le vôtre seul.

Ce sont donc les sentiments et les besoins, nés dans notre époque, qu'il s'agit aujourd'hui de *codifier*, d'*enseigner*, d'*administrer*, sentiments et besoins du *travail*, comme ceux de la première révolution étaient ceux de la *liberté*. Le Code de l'ouvrier est plus important à *faire* que le Code militaire n'est important à *perfectionner ;* les écoles d'industrie (commerciale, industrielle, agricole) sont à créer ; tandis que les écoles militaires ne réclament que quelques élèves de plus ; enfin la question des livrets et des prud'hommes, récemment soulevée, est plus grave que celle des fusils à percussion.

Pour donner à notre siècle la confiance qu'on ne fait pas la guerre par caprice, qu'on ne la continuera pas par goût, qu'on ne s'y livre pas comme à une passion exclusive ou même dominante ; pour avoir son assentiment, son appui, en deux mots, pour obtenir son sang et ses écus, il faut aujourd'hui, qui pourrait en douter? un gage industriel au moins aussi net que celui que Napoléon lui-même a senti qu'il devait donner au peuple en ordonnant le *système continental*, en créant les *cotons*, le *sucre*, les grandes *fonderies*, en s'appuyant au faubourg Saint-Antoine sur *Richard Lenoir;* à Jouy sur *Oberkampf;* à Elbeuf et Louviers sur *Ternaux*, à Saint-Quentin, à Rouen, à Lille, à Roubaix, et bientôt dans toute la Belgique, sur une masse de travailleurs qu'il enfantait. — Et ce sont ces mêmes ouvriers, ses *créatures*, qui lui envoyaient à ses armées leurs frères, leurs enfants pleins d'enthousiasme, élevés dans la famille, à l'amour et à l'admiration du grand défenseur de l'*industrie* française, contre la *mercantile* Angleterre.

Moi qui ai le ferme espoir que nous n'aurons pas la guerre européenne, universelle, j'aime à citer ce que Napoléon lui-même a fait pour pouvoir faire sa grande guerre ; et remarquez que lorsqu'il est venu, il trouvait Bordeaux, Marseille, tous nos ports de commerce, dans un triste état et qu'il les y a laissés, et que le Havre n'était pas né ; il trouvait Lyon sortant à peine de ses ruines, et Saint-Étienne était sous terre ; Paris n'avait que 5 à 600 mille âmes fatiguées de révolutions, population peu productive, n'ayant pas plus l'idée qu'il y avait au monde une Amérique qu'avant Christophe Colomb. Aujourd'hui que d'intérêts à blesser par la guerre ! que de ruines à faire ! et par conséquent combien, si l'on doit guerroyer, il faut songer d'avance aux compensations ou aux palliatifs qui permettraient de toucher à ces vivants intérêts !

Voyez aussi nos patriotes, radicaux, réformistes, républicains, puisqu'il faut les nommer par leur nom ; ceux-ci ne voudront de la guerre qu'autant qu'on lui donnerait un caractère de propagande révolutionnaire : ce qu'on n'a certes pas l'intention de faire ; et alors quelle action croyez-vous qu'ils exerceraient sur les *prolétaires* le jour où un premier coup de canon aurait été tiré ? Le gouvernement les surveille, les maintient et les craint pendant la paix, comment s'en défendra-t-il pendant la guerre, s'il ne se hâte pas de leur fermer l'oreille et le cœur du *prolétaire?* Vous qui connaissez Lyon, que pensez-vous du jour où les fabricants diront : la mer est fermée, plus d'Amérique, arrêtez la navette ?

Mais pourquoi rester si longtemps à raisonner, comme si nous ne pouvions pas éviter la guerre ; supposons un moment qu'elle n'ait pas lieu ; non-seulement ce sera déjà une faute d'y avoir trop cru, puisque l'événement démentira la prévision, vu que les hommes forts doivent toujours avoir la réputation d'être un peu prophètes, mais ce sera surtout une très-grande faute de n'avoir *agi* qu'en vue de la guerre ; aujourd'hui la vieille formule : *Si vis pacem para bellum* est complétement retournée ; la sagesse des peuples dit aux rois belliqueux : *si vis bellum para pacem.* On sait fort bien aujourd'hui que la guerre n'enrichit plus et que pour la faire il faut des écus ; celui donc qui croit devoir la faire et qui néglige la source aux écus est trop absorbé.

Mais, direz-vous peut-être, il n'y a rien là de pratique ; c'est très-bon de dire qu'il faut s'occuper *du travail*, mais que faut-il faire ? — Pour ceci, je vous renvoie d'abord à ma lettre à M. Delahante, et surtout au paragraphe qui la termine. Avant de faire quelque chose pour l'industrie, il faut connaître l'état-major industriel, et s'être assuré de ce qu'il peut faire, comme Napoléon connaissait les généraux qui l'entouraient au 18 brumaire et qui ont fait sa Grande Armée ; c'est une Grande Armée productive et non destructive qu'il s'agit de créer et d'organiser.

Le 18 brumaire, Napoléon ne savait pas qu'en quinze années, il prendrait Vienne, Berlin, Madrid et Moscou, mais il avait déjà sous la main ses preneurs de villes. Où est l'état-major industriel? Autour de qui gravite-t-il? Quel est le soleil qui entraînera ces planètes dans leur orbite pour constituer le monde futur? — Voilà ce qu'il faut faire, voilà ce qui est pratique, politique, positif.

J'espère que vous ne me faites pas l'injure de croire que mes planètes industrielles s'appellent F...., D....., ou même R...... ; ce n'est pas là de l'industrie, c'est du jeu ; ceux-là n'entourent que trop le pouvoir et l'étoufferaient pour une différence de 50 centimes.

Mes planètes, ce sont les hommes-types qui *représentent* réellement, par toute leur vie, l'industrie d'une ville, d'une province, d'une branche entière du travail humain, et ceux aussi qui ont pour ainsi dire incarné en eux les grands travaux d'industrie publique, tels que les routes, les canaux, les ports, la construction des vaisseaux, les usines, ou bien ceux encore qui sont l'expression nette d'une des relations commerciales de la France avec un peuple étranger. Voici les hommes avec lesquels il y a toujours à apprendre et toujours à faire ; voici même ceux avec lesquels il est très-bon de parler guerre, parce que leur intérêt et leur expérience leur font découvrir vite tous les moyens de l'éviter, et que si en définitive on la fait, ce sont encore eux qui la payeront ; voici, en un mot, les vrais *aides de camp* d'un roi futur de France.

Je vois en ce moment tout ce qui porte une épaulette se précipiter autour du trône : l'honneur, la patrie insultée, l'injure à venger ; je ne m'inquiète pas de savoir si ces sentiments auront assez de voix pour faire un grand chœur, j'en suis bien sûr ; mais si, par-dessus toutes ces épaules dorées et toutes ces têtes emplumachées, on cherche à voir et à entendre ce qui se fait et ce qui se dit chez ceux qui n'ont pas d'épaulettes à gagner, et surtout si l'on songe à ce qui se fera et se dira dès qu'il faudra donner ses écus et ses enfants pour payer et gagner les épaulettes de ces messieurs, on pourrait voir, entendre et deviner bien d'autres choses que ce chœur de vengeance. Or, c'est pour ne pas être obligé de regarder si loin que je voudrais voir *l'état-major* industriel, l'état-major *productif*, à côté de *l'état-major* militaire, et l'entendre chanter son chœur *pacifique* aussi haut que l'autre, à l'oreille du roi, des princes et des ministres.

Mais, direz-vous, la presse n'est-elle pas là, c'est l'organe de l'opinion publique. C'est possible, mais la presse est ouverte aux militaires comme aux industriels, ils y sont égaux devant le rédacteur en chef ; la paix comme la guerre peuvent sonner la trompette; est-ce la même chose aux Tuileries, chez les princes et chez les ministres? non, sans doute ; là, on n'arrive pas pêle-mêle, ont est gradé, classé, hiérarchisé. Or, quel est le rang assigné spécialement au travail pacifique? Quelle est l'importance d'un *bourgeois visiteur*, à côté de l'influence quotidienne du *militaire aide de camp?* En un mot, nos princes sont généraux, entourés de généraux ; ils ne sont encore *que* des militaires, ce n'est pas assez ; Napoléon lui-même avait senti qu'il était bon d'être *membre de l'Institut,* et c'est pourquoi *la science* devait jouer et a joué sous son règne un rôle presque égal à celui qui se prépare pour *l'industrie;* Monge, Berthollet, Laplace, Chaptal, Fourcroy, Fourrier, Lacépède, Delambre, Cuvier, ses illustres *collègues,* étaient souvent à ses côtés.

Dieu me garde de dire que notre époque ne fait pas la place belle aux savants, il est vrai à d'autres savants, à une autre académie ; MM. Thiers, Cousin, Guizot, Mignet, Dupin, Molé, n'ont pas à se plaindre ; des mathématiques et de la physique, nous sommes passés à la métaphysique et à la philosophie, et des mécaniciens aux avocats ; y a-t-il progrès ? Ce n'est pas cela dont il s'agit ; je parle de l'*industrie,* et aucun de ces messieurs n'y a fait ses preuves.

Le fait est que depuis la fondation de l'Académie des sciences morales et politiques, expression très-nette de puissances nées sous la Restauration et qui règnent encore aujourd'hui dans leur plus brillant représentant M. Thiers, je ne vois pas qu'il reste d'autre académie à imaginer que celle où l'on s'occuperait des choses qui remplissent la vie des neuf dixièmes au moins de la race humaine, je veux dire une académie d'*industrie agricole, commerciale et manufacturière*; espérons que cela viendra plus tard, fût-ce sous un autre nom que celui d'académie. Toujours est-il que si l'on a su constituer les différents corps lumineux de la *science* humaine, on a peu fait encore pour organiser les vivantes mécaniques de l'*industrie* qui devraient donner l'impulsion à la masse travailleuse, et que cependant, depuis la Restauration, sous le règne de Louis-Philippe, il est né, sous ce rapport, des puissances tout aussi vieilles et aussi grandes que les *puissances morales et politiques*, nées sous la Restauration. On sait la machine à vapeur aujourd'hui aussi bien que les élèves de M. Cousin connaissaient le *moi* et le *non-moi*; on fait des ponts et des chemins de fer, comme les disciples de M. Guizot et de M. Royer-Collard faisaient des argumens sur la *bascule* de l'ordre et de la liberté; en d'autres termes, les hommes forts sont ingénieurs, industriels, commerçants; tandis qu'ils étaient alors étudiants en droit et à peine avocats et journalistes; or, le présent peut être encore aux avocats et aux journalistes, mais certainement l'avenir n'est pas à eux. M. Thiers l'a dit : Après moi gouvernera qui pourra ; ce qui veut dire : Après moi il n'y a pas d'avocat, journaliste, littérateur qui puisse gouverner ; et cela est très-vrai.

Quelle longue causerie, cher ami, pour détruire l'impression que vous avez rapportée de Paris et qui vous a fait croire un moment, vous industriel, qu'il fallait pendre au croc, non l'épée, mais la truelle et la navette, pour ne songer qu'à la guerre ; c'est ainsi que, de renvoi en renvoi, mais dans un but inverse, nous avons toujours repoussé d'année en année la solution de la question d'Orient, parce que nous y redoutions la guerre et que nous étions absorbés par la paix. Sommes-nous donc destinés à osciller toujours d'un extrême à l'autre, et à nous faire dire, tantôt que nous voulons la paix à tout prix et tantôt la guerre à tout prix ? C'est Nicolas, dites-vous, qui la veut à tout prix : pas du tout, puisque vous ajoutez qu'il la veut parce qu'il croit qu'il n'a qu'à y gagner ; mais nous qui savons le prix qu'elle nous coûterait, quoique M. Thiers prétende que Lyon n'a rien à craindre, nous qui risquons tout, et qui le savons, nous qui n'avons *rien* à y gagner, pas même la révision des traités de 1815, qui ne se réviseront qu'à force de paix et non à force de guerre, n'est-ce pas sinon vouloir, au moins faire la guerre à tout prix, que de suspendre entièrement, pour ne songer qu'à elle, les questions d'ordre pacifique ?

Un changement de ministère à Londres, l'espoir qu'aura M. de Metternich et le désir qu'il en manifestera de voir mettre de côté M. Thiers, aussitôt après la chute de Palmerston, une convention amiable entre les puissances d'un passage commun à *toutes* à Suez, et d'une complète liberté d'action pour *toutes* dans la mer Noire et l'Asie-Mineure, la répugnance anglaise et française pour la guerre, ou mille autres causes encore, peuvent arrêter et arrêteront tout conflit sanglant et général ; et si, malgré tout, il nous reste encore *un* ennemi, nous l'enverrons promener sans nous gêner.

Adieu, je vous serre la main.

P. E.

Paris-Imp. PAUL DUPONT, 41, rue Jean-Jacques-Rousseau. (48.4.3)

www.ingramcontent.com/pod-product-compliance
Ingram Content Group UK Ltd.
Pitfield, Milton Keynes, MK11 3LW, UK
UKHW020208250726
13967UKWH00003B/1349